Georg Schwikart

Windhauch und Wein

Zur Aktualität von Kohelet,
dem Prediger Salomo

echter

Der Umwelt zuliebe verzichten wir bei diesem Buch auf Folienverpackung.

Bibliografische Information der Deutschen Nationalbibliothek

Die Deutsche Nationalbibliothek verzeichnet diese Publikation in der Deutschen Nationalbibliografie; detaillierte bibliografische Daten sind im Internet über ‹http://dnb.d-nb.de› abrufbar.

1. Auflage 2021
© 2021 Echter Verlag GmbH, Würzburg
www.echter.de

Umschlag: Vogelsang Design, Jens Vogelsang, Aachen
Umschlagbild: gettyimages / Jose A. Bernat Bacete
Innengestaltung: Crossmediabureau, Gerolzhofen
Druck und Bindung: Friedrich Pustet, Regensburg

ISBN
978-3-429-05659-9
978-3-429-05171-6 (PDF)
978-3-429-06538-6 (ePub)

Inhalt

Vorwort 9

Quintessenz in einem Satz 12

Kohelet versammelt Wahrheitssucher 15

Nichts Neues? 19

Der Reiz des Krummen 22

Rom im November 25

Der mittlere Weg 29

Vom Segen des Vergessens 34

Begriff im Wandel 38

Wofür ist Essen da? 42

Einfach mal „Ich weiß es nicht" sagen 46

Mittwochskind 49

Mein Gott, dein Gott 52

Der Schrei nach Gerechtigkeit 55

Wir atmen dieselbe Luft 58

Einigermaßen Anstand 62

Geboren sein hat einen Preis 64

Herr M. bittet um die Taufe 68

Zwei haben es besser als einer allein 71

Der Herr, vom Thron gestoßen 75

Bleiben oder gehen? 78

Weniger ist mehr	81
Noch wichtiger als ein Versprechen	84
Rückendeckung für die Unterdrücker?	88
Geld ist nichts! – So weit die Theorie	91
Freude im Herzen	96
Philosophenstammtisch	98
Fremdbestimmte Freiheit?	102
Haus der Trauer, Haus des Festes	105
Therapie-Empfehlung: Geduld	109
Früher war es besser?	112
Verankerung	116
Ich verstehe es nicht	119
Weder Teufel noch Engel	123
Was die Leute so reden	127
Vertrauen ist vernünftig	130
It's a man's world ... and religion	133
Das ledige Kind	135
Wem gilt die Treue?	138
Vergänglich wie ein Schatten	142
Freudenlied und Zorngesang	144
Niemand kann nachvollziehen, was Gott auf dieser Erde tut	146
Unbedachte	148
Genießen geboten!	151

Keiner hat alles	155
Weisheit ist besser als Stärke	158
Niemand kann vorhersagen, was geschehen wird	162
Du bist der Text	166
Dankbarkeit als Lebenskunst	169
Sie will	171
Tage, die uns nicht gefallen	175
Am silbernen Faden	177
Wohltuende Befremdung	180
Worauf kommt es an?	183
Quellenangaben	187
Bibelstellenregister	190

Vorwort

Wenn man fröhlich sein will, bereite man ein gutes Essen, und Wein bringt Heiterkeit ins Leben. Geld macht beides möglich.
(Prediger 10,19)

Die Bibel ist ein Wunderwerk! Sie strotzt nur so vor tiefgründiger Poesie, spannenden Geschichten, anregenden Predigten – und praktischer Lebensweisheit. Die Heilige Schrift umfasst eine ganze Bibliothek. Eines ihrer Werke, das vergleichsweise schmale Buch Kohelet (das auch Prediger Salomo genannt wird), bietet seit mehr als 2000 Jahren erfahrungsgesättigte Weisheit. Der Mann schwadroniert nicht abstrakt, er beobachtet die Welt und zieht seine Schlüsse. Die bringt er in markante Sinnsprüche. Nehmen wir nur den oben zitierten: Essen und Trinken sind Ausdruck von Lebensfreude. Der Realist fügt hinzu: Ohne Moos nix los.

Das heißt allerdings keineswegs, Kohelet wäre der Vertreter einer Wohlfühlphilosophie. Ganz im Gegenteil, er legt eine radikale Abrechnung mit dem religiösen Grundsatz seiner Zeit vor, der bis ins Heute hineinreicht: dass das, was wir tun, in einem unmittelbaren Zusammenhang steht zu dem, wie es uns ergeht. So ist es gerade nicht. So lautet keine göttliche Ordnung! Diese Klarheit ist erfrischend, lässt mich in ihrer Absolutheit jedoch im Regen stehen wie einen nassen Pudel.

Bei der Lektüre des Buches Kohelet stelle ich immer wieder überrascht fest: Das kenne ich! In meinem Dasein finde ich ihn bestätigt. Ich will den Prediger aber nicht für meine Weltsicht vereinnahmen, sondern auch meine

Positionen von ihm infrage stellen lassen. Denn dann und wann stehen seine Ansichten (so ich sie denn überhaupt richtig verstanden habe) im krassen Gegensatz zu meinen. Der Mann lässt mich nicht kalt. Was ich an ihm so schätze: Er überkleistert die Realität nicht fromm, er hält sie aus.

Kohelet ist einer, der an Gott glaubt. Das hindert ihn nicht an einem sachlichen Blick auf die Wirklichkeit. Vielleicht ist das sogar die Pointe seines Buches: Obwohl alles so ist, wie es ist, kann er an Gott glauben. Religiöse Spekulationen oder lyrische Hymnen an den Schöpfer sucht man bei ihm vergebens. Gott ist da, die Welt nimmt ihren Lauf. Daraus leitet sich vernunftgemäßes Verhalten ab. Und fertig.

Ich will von ihm lernen. Und ich möchte seine Gedanken und Erkenntnisse mit meinem Leben verbinden. Die Bibel wird doch erst fruchtbar, wenn ich sie ernst nehme. Wenn ihre Wahrheit in meinem Dasein aufleuchtet. Ich erzähle hier wahre Geschichten, meistens etwas verfremdet, um die handelnden Personen zu schützen. Was ich erlebe, steht in einem unmittelbaren Zusammenhang zu Kohelets Weisheit. Er wurde mir zum anregenden Gesprächspartner.

In der Auseinandersetzung mit dem Prediger bin ich sowohl sein Schüler als auch sein Kritiker. Ist es anmaßend zu sagen, mit dem faszinierenden Kohelet verbindet mich Freundschaft? Ein tiefes Verständnis füreinander. Obwohl ich meine, ihn zu kennen, bleiben wir uns dennoch in einigen Punkten fremd. Wie das so ist mit guten Freunden.

Herzliche Einladung, Kohelet und mich auf den Spaziergängen durch meine Erlebnisse als Pfarrer, Schriftsteller und Zeitgenosse zu begleiten. Und die Ermutigung an die Leserinnen und Leser, es ebenso zu halten: das biblische Wort konkret auf das eigene Leben zu beziehen.

Sankt Augustin, 23. April 2021, am Welttag des Buches und Namenstag des hl. Georg

Georg Schwikart

Für kritische Durchsicht des Manuskripts danke ich aufrichtig Dr. Maria Uleer, Kurt Hägerbäumer, Prof. Dr. Axel von Dobbeler und meinem Echter-Lektor Heribert Handwerk; diese können sich zwar nicht allen meinen Ausführungen anschließen, versagten mir aber dennoch nicht ihren konstruktiven Rat.

Quintessenz in einem Satz

Was ist das Leben? – Eine schöne Frage! Jeder darf sie stellen. Jeder darf sich dazu äußern. Die Antworten sind so bunt wie die Menschen selbst. Einer hat vor langer Zeit seine Meinung knapp zusammengefasst; was er sagt, klingt ernüchternd. Die vielen Bibelausgaben übersetzen seine Worte unterschiedlich, aber die Tonlage bleibt gleich. Also, was ist das Leben?

Vergeblich und vergänglich! (Gute Nachricht)
Windhauch, Windhauch. (Einheitsübersetzung)
Es ist alles ganz eitel. (Luther)
Nichtigkeit der Nichtigkeiten! (Elberfelder)
Dunst der Dünste. (Buber/Rosenzweig)
Eh alles egal! Unwichtig! Alles für den Arsch! Das bringt es nicht, geht sowieso alles den Bach runter! (Volxbibel)

Was für ein Auftakt! Das entscheidende hebräische Wort lautet „häwäl", es kann „flüchtig", „sinnlos", „absurd" bedeuten und meint auch „Hauch", „Dunst" oder „nichts". So beginnt sein Buch! „Neues Leben. Die Bibel" (aus der im Folgenden zitiert wird) formuliert fast zu brav: „Es ist alles sinnlos und bedeutungslos."

Ist das Nihilismus? Also die – wie der Duden sagt – „philosophische Anschauung von der Nichtigkeit, Sinnlosigkeit alles Bestehenden, des Seienden"? Eine „weltanschauliche Haltung, die alle positiven Zielsetzungen, Ideale, Werte ablehnt"? Geht es um die „völlige Verneinung aller Normen und Werte"? Aber nein, die Überlegungen des Autors finden wir ja mitten in der Heiligen Schrift.

Er denkt über die Welt nach – als glaubender Mensch! Das Wort ‚Gott' taucht zwar erst in Vers 13 auf, aber Gott ist die Grundlage seiner Existenz. Sein kritisches, ja vernichtendes Urteil führt ihn nicht zum Atheismus, im Gegenteil. Es bindet ihn noch mehr und existentieller an Gott.

Die Welt allerdings, in der er lebt und glaubt, die ist absurd! Da macht er sich nichts vor. Er ist ein großer Realist, hat den Mut, den Tatsachen ins Auge zu schauen.

„Es ist alles sinnlos und bedeutungslos", sagt der Lehrer, „unnütz und bedeutungslos – ja, es ist alles völlig sinnlos." Was hat ein Mensch davon, wenn er sich sein Leben lang müht und plagt? Generationen kommen und gehen, doch die Erde ändert sich durch die Zeiten nicht. Die Sonne geht auf und geht unter und zieht ihre Bahn am Himmel, nur um an der gleichen Stelle wieder aufzugehen. Der Wind weht nach Süden, dann dreht er ab nach Norden, er weht hierhin und dorthin, er dreht sich und schlägt um und gelangt doch nirgendwo hin. Die Flüsse fließen ins Meer, trotzdem wird das Meer nicht voller. Das Wasser kehrt immer wieder zu den Quellen der Flüsse zurück, um dort neu zu entspringen. Alles Reden ist mühselig. Nichts kann der Mensch vollständig in Worte fassen. Das Auge kann sich niemals satt sehen und das Ohr kann nie genug hören. (Prediger 1,2–8)

Hier analysiert jemand trocken seine Existenz. Ohne die Realität an großen Idealen glattzuschleifen. Er schwärmt nicht von der phantastischen Schöpfung, wie wunderbar und herrlich alles sei. Er fragt provozierend: Wofür das alles?

Wie gut, dass sein Buch in der Bibel zu finden ist. Manchem Gläubigen wird der bittere Tonfall unangenehm aufstoßen. Dieses Werk verhindert die bigotte Überheblichkeit, dass es für jene, die an Gott glauben, keine Schwierigkeiten mehr gäbe. Hier wird der Gegenbeweis angetreten. Vielleicht wirkt sogar auch alles nur noch schlimmer, weil die Wirklichkeit so schwer mit dem Vertrauen auf den guten Gott vereinbar ist.

Im Jahr 1652 reimte Michael Franck 13 Strophen eines Liedes, von dem acht im evangelischen Gesangbuch zu finden sind: „Ach wie flüchtig, / Ach wie nichtig / Ist der Menschen Leben! / Wie ein NEBEL bald / entstehet / Und auch wieder bald vergehet, / So ist unser LEBEN, sehet!" Der „liebe Gott" kommt nicht drin vor. Die Nichtigkeit allen Strebens wird ausführlich beschrieben. „Leben" wird rückwärts gelesen zu „Nebel", zu Dunst. Die Anlehnung des Liederdichters an unseren Denker aus der Hebräischen Bibel, dem Alten Testament, ist offensichtlich.

„Es ist alles sinnlos und bedeutungslos." Ein hartes Wort. Aber das darf man so sehen, das darf man so sagen. Gut biblisch, gut christlich. Wie beruhigend, dass einer ausspricht, was ich kaum zu denken wage. Ich fühle wie er, halte es aber kaum aus. Deswegen möchte ich mich mit seiner Ansicht auseinandersetzen.

Ich danke ihm – und ich danke Gott, dass er uns diesen Autor geschenkt hat: Kohelet, den Prediger.

Kohelet versammelt Wahrheitssucher

Wer ist dieser Mann, dessen zugespitzte Gedanken es geschafft haben, in die Bibel aufgenommen zu werden? Wir wissen kaum etwas über ihn. Sein Name ist kein Name, sondern eine Bezeichnung: Kohelet bedeutet etwa „Versammler" oder „Anführer der Versammlung" und steht für jemanden, der in einer Versammlung seine Lehre vorträgt. So wurde sein Werk auch als das Buch „Prediger" bekannt. Das Buch Kohelet selbst gibt vor, sein Autor sei Salomo:

Dies sind die Worte des Lehrers, des Sohnes des Königs David, der in Jerusalem herrschte (Prediger 1,1). *Ich, der Lehrer, war einst König in Israel und regierte in Jerusalem* (Prediger 1,12). *Ich sagte mir: „Es ist so: Ich bin weiser als alle Könige, die vor mir in Jerusalem regiert haben; ich habe viele Erfahrungen gesammelt und eine Fülle an Weisheit und Erkenntnis erworben"* (Prediger 1,16). *Der Lehrer war ein weiser Mann und er gab seine Erkenntnisse an die Menschen weiter. Er vertiefte sich in die Lehre und forschte darin. Auch verfasste er viele Sprüche. Er versuchte, einprägsame Worte zu finden und nur das zu schreiben, was der Wahrheit entspricht* (Prediger 12,9–10).

Darüber sind sich die Bibelwissenschaftler allerdings einig: Das Buch Kohelet wurde erst 500 Jahre nach der Zeit des Salomo verfasst; das kann man an Merkmalen seiner hebräischen Sprache feststellen. Wahrscheinlich ist das Werk im 3. Jahrhundert vor Christus entstanden. Sein Autor war zwar nicht jener König der legendären Weisheit, aber ein überaus intelligenter und origineller Denker.

Er kannte sich mit der jüdischen Weltanschauung aus, aber auch mit griechischer Philosophie. Zudem beherrschte er die Kunst der Dichtung.

Kohelet scheint bei seiner Leserschaft das Wissen um jüdische Glaubensgrundlagen vorauszusetzen, denn die traditionellen Inhalte streift er höchstens. Wie ein Vorläufer der Reformation ignoriert er weitgehend den Komplex religiöser Opfer und den Kult. Er bringt einen ganz neuen Ton in die biblische Erbauungsliteratur, behauptet allerdings, damit verschaffe er nur dem eigentlich Alten und Unwandelbaren wieder Geltung.

Ob der Mann verheiratet war oder nicht, welchen Beruf und welche Stellung er innehatte, wo er lebte (Jerusalem oder vielleicht Alexandrien?) – all das wissen wir nicht. Sein Buch jedoch gehörte bald schon zum Katalog der Schriften, die man als Gebildeter des Volkes Israel gelesen haben musste. Sogar in den Höhlen von Qumran fand man zwei Kohelet-Fragmente.

Fachleute diskutieren, ob der Prediger sich an Positionen seiner Zeit abgearbeitet hat oder jüdisches mit griechischem Denken verbinden wollte. Sein Schwanengesang auf die israelische Weisheit bleibt brisant. 1759 wurde sein Buch in Paris als ketzerisches Werk verbrannt; man hatte den Übersetzer Voltaire für den Autor gehalten.

An der philosophiehistorischen Debatte kann ich mich mangels Wissen nicht beteiligen. Ich lese Kohelet schlicht als Botschaft an mich heute. Ich fühle mich von seiner Art, die Welt zu betrachten und zu reflektieren, unmittelbar angesprochen. Er ist ein Realist und dabei ein glaubender Mensch. Seine Religiosität wirkt so anders als gewohnt. Das hat viele fromme Kritiker über die Jahrtausende gegen ihn aufgebracht. Wie wichtig er bis heute ist, drückt der

Theologe Norbert Lohfink aus: „Für manchen modernen Agnostiker ist Kohelet die letzte Brücke zur Bibel. Es gibt heute Christen, für die ist Kohelet die verrucht-beliebte Hintertür, durch die sie jene skeptisch-melancholischen Empfindungen ins Bewusstsein einlassen können, denen am Haupteingang, wo Tugendpreis und Jenseitsglaube auf dem Namensschild stehen, der Zugang nicht gestattet würde."

Die Auseinandersetzung mit Kohelet ist ein Vergnügen: Mal schenkt er mir neue Ideen und ungewohnte Perspektiven. Mal unterstreicht er das, was ich immer schon dachte, wofür ich aber keine Worte fand. Mal bringt er mich auf die Palme, weil ich seine Ansichten so abstrus finde und ablehne. Aber sich mit diesem Weisheitslehrer auseinanderzusetzen ist immer lohnenswert. Der Dichter-Pfarrer Kurt Marti kommentierte: „Im Büchlein Kohelet sind Passagen zu finden, die einem tief ‚einfahren' können, weshalb ich mir erlaubte, vom ‚Kohelet Blues' zu sprechen. […] Heute noch können sie uns vom Wahn der eigenen Wichtigkeit oder gar Unsterblichkeit befreien."

Es gibt kein „Evangelium nach Kohelet"; der Mann ist weder Prophet noch Messias – aber eine herausragende Stimme der Heiligen Schrift. Was er uns bis in die Gegenwart hinein zu sagen hat, das konfrontiere ich hier mit meiner Lebenswirklichkeit. Nicht nur als Pfarrer oder Religionswissenschaftler, sondern als normaler Christ. Als einer, der an Gott glaubt. Wie Kohelet. Nur anders.

Da kommt etwas zum Klingen. Denn ihm gelang es tatsächlich, „einprägsame Worte zu finden". Ob alles, was er schrieb, „der Wahrheit entspricht" – das zu beurteilen maße ich mir nicht an. Die Wahrheit ist noch einmal größer als alles, was wir zu denken und aufzuschreiben vermögen. Sie aber zu suchen und um sie zu ringen, dafür sollte uns keine Mühe zu anstrengend sein. Dafür „sammle" ich mich gern und bedenke das Buch des Versammlers.

Nichts Neues?

Unsere Tochter ist eine junge Frau, die, wie das für ihr Alter üblich ist, Freude hat an neuer Bekleidung. Weil es so mühsam ist, in der Stadt von Laden zu Laden zu laufen, wird im Internet bestellt. Unsere Tochter wohnt schon lange nicht mehr zu Hause, aber die Pakete kommen ins Elternhaus; wir sind ja immer da ... Die Tochter packt aus, probiert an, zu klein, zu groß, die Farbe anders als auf der Bestellseite, der Stoff fühlt sich nicht gut an. Egal, zurück in den Karton. Und ich darf dann die Rücksendungen zur Post bringen.

Natürlich passt das eine oder andere neue Teil doch und bereitet Freude. Aber wie lange ist ein neues Kleid neu? Wann ist der Reiz des Neuen verflogen? Die neue Tapete ist irgendwann auch alt. Wir suchen das Neue, weil wir die Abwechslung lieben: neue Speisen, neue Reiseziele, neue Filme. Wir wollen neue Leute kennenlernen.

Zeitungen und Nachrichtensendungen leben von Neuigkeiten. Der amerikanische Literaturnobelpreisträger William Faulkner behauptet hingegen: „Es ereignet sich nichts Neues. Es sind immer dieselben alten Geschichten, die von immer neuen Menschen erlebt werden." Vielleicht ist er von sich aus auf diese Erkenntnis gekommen, doch neu ist sie nicht, denn schon Kohelet sagt das Gleiche:

Was einmal gewesen ist, kommt immer wieder, und was einmal getan wurde, wird immer wieder getan. Es gibt nichts Neues unter der Sonne. Gibt es eigentlich irgendetwas, von dem man sagen könnte: „So etwas gab es noch nie!"? Nein, alles gab es schon irgendwann einmal – in längst vergangenen Zeiten. Wir haben nur vergessen, was damals geschehen ist. Und in einigen Jahren wird man sich nicht mehr an das erinnern, was wir jetzt tun. (Prediger 1,9–11)

Natürlich wiederholen sich Biografien. Von der Geburt bis zum Tod ist die Variationsbreite der Lebensläufe auf der Erde zwar unendlich groß, aber Parallelen gibt es dann doch. Kindheit, Schule, Beruf, Partnerschaft, Familie, Alter – das alles ist nicht neu. Nur für den Einzelnen ist es jeweils eine neue Erfahrung.

Gibt es in der Menschheitsgeschichte etwas Neues? Läuft da nicht ein ewig gleicher Prozess von Werden und Vergehen ab? Kulturen entstehen und verschwinden wieder. Kriege und Katastrophen vernichten alles, aus den Trümmern wächst Neues. Das Neue aber bleibt nicht neu. Die Erkenntnis, dass sich alles verändert, ist es auch nicht.

Und doch! Der christliche Glaube tritt mit diesem ungeheuren Anspruch auf: Da ist etwas wirklich Neues passiert. Das Christentum selbst wird in der Apostelgeschichte als „der neue Weg" bezeichnet: „Saulus verfolgte immer noch die Jünger des Herrn und drohte ihnen mit Gefängnis und Hinrichtung. Er ging zum Obersten Priester und bat um eine schriftliche Vollmacht für die Synagogen in Damaskus. Dort wollte er die Anhänger des neuen Weges aufspüren. Er wollte sie, Männer wie Frauen, festnehmen und nach Jerusalem bringen" (Apostelgeschichte 9,1–2).

Ironie der Geschichte oder, wie ich besser sagen sollte, Wirken des Heiligen Geistes: Aus Saulus wird Paulus, aus dem Verfolger der größte Missionar. Paulus ist den neuen Weg gegangen und hilft bis heute Menschen, auf diesem Weg voranzukommen. Paulus erfuhr eine dramatische

Lebenswende durch seine Begegnung mit Jesus Christus, sein Leben wurde absolut neu!

Was Kohelet dazu gesagt hätte? Vielleicht: „Das kann ich mir nicht vorstellen." Das meint meine Tochter auch schon mal. Ich reagiere dann ziemlich belehrend: „Es gibt Dinge, die können wir uns nicht vorstellen – und sie geschehen doch."

Der Reiz des Krummen

Elisabeth ist erfahrene Ärztin in einem Klinikum, bei Patienten und Kollegen gleichermaßen geschätzt. Als Mitglied der Ethik-Kommission berät sie in komplizierten Fällen, was medizinisch angemessen und menschlich vertretbar ist. Elisabeth sieht nicht nur die Erkrankung, sondern den ganzen Menschen in seiner sozialen Wirklichkeit. In ihrer eng bemessenen Freizeit liest sie viel, um das Mysterium Mensch besser zu verstehen. Sie hält zahlreiche soziale Kontakte aufrecht und bleibt mit ihrer Kirchengemeinde in Verbindung, denn sie empfindet das Leben als Geschenk Gottes. Elisabeth ist verheiratet, hat zwei erwachsene Kinder und führt eine zufriedene bürgerliche Existenz. Auf einmal verliebt sie sich in den Medizinstudenten Robert. Eine amour fou!

Ihre moralischen Skrupel wühlen sie auf. Doch das Abenteuerliche an dieser geheimen Beziehung erfüllt Elisabeth mit Energie und Freude. Sie genießt Zärtlichkeit und Sexualität, wie sie sie nie zuvor in ihrer Ehe erlebt hat. Die unbeschreibliche Nähe zu ihrem Liebhaber taucht ihr ganzes Dasein in ein neues Licht.

Ich bemühte mich, mithilfe meines Verstandes die Dinge zu erforschen und zu erkunden. All mein Streben galt der Weisheit, denn mit ihrer Hilfe wollte ich ergründen, was in der Welt geschieht: Es ist eine mühsame Arbeit, und Gott hat sie den Menschen auferlegt, damit sie sich damit quälen. Ich habe die Menschen bei ihrem täglichen Tun beobachtet. Es ist alles sinnlos und gleicht dem Versuch, den Wind einzufangen. Was krumm ist, kann nicht gerade werden, und was nicht vorhanden ist, kann auch nicht gezählt werden. (Prediger 1,13–15)

Lange habe ich mit Elisabeth zusammengesessen und zugehört. Sie, die so viel mit Hilfe ihres Verstandes erforscht und erkundet hat, fühlt sich von etwas überwältigt, was fern ihrer Vorstellungskraft lag. Die Wucht der Emotionen scheint sie – die doch in so gewohnten und sicheren Bahnen zu laufen schien – aus der Spur zu werfen. Sie will verstehen, was da geschieht, in ihrer kleinen Welt, die auf einmal kopfsteht. Ihren Mann zu verlassen steht nicht zur Debatte, ebenso wenig alles aufzugeben, was sie sich aufgebaut hat. Nur wenige wissen von ihrer Situation.

Ihr auffallend jüngerer Geliebter drängt sie nicht zu einer Entscheidung. Robert ist in einem anderen Milieu zuhause als Elisabeth, bevorzugt andere Freizeitaktivitäten, betrinkt sich schon mal und hat einen anderen Tag-Nacht-Rhythmus als sie. Er lebt ein anderes Leben. Er sieht gut aus und könnte viele Frauen seines Alters haben. Aber er liebt Elisabeth. Er zeigt sich ihr gegenüber schamlos, ohne Scham, in einer Vertrautheit, die Elisabeth fasziniert. Diese Leidenschaft.

Das alles zu begreifen gelingt beiden nicht, was für Robert kein Problem darstellt, wohl aber für Elisabeth. Die Situation quält sie. Die erfahrene Ärztin kennt sich selbst nicht wieder. Was sind das für romantische, animalische, egoistische Anwandlungen, die sich da ihrer bemächtigen? Muss sie sich schämen? Sündigt sie gegen Gott? Gegen ihren Mann, der nichts ahnt … oder doch? Die Lust zwischen beiden kühlte ziemlich ab in den letzten Jahren. Vielleicht schweigt er in stillem Einverständnis? – Diese Fragen nagen an ihr.

Was Elisabeth mir offenbart, beschließt sie mit dem Satz: „Es ist doch alles sinnlos, was da läuft!"

Ist Sinn hier die passende Kategorie? Ihr wird etwas gefehlt haben, was sie nun genießt. Allerdings hat dieser Genuss seinen Preis. Selbstverständlich ist ihr bewusst, diese Geschichte wird nicht ewig dauern. Doch jetzt prägt sie ihre Realität. Das Verhältnis mit Robert ist nichts für die Ewigkeit. Es ist vergänglich, doch jetzt schön. Und problematisch. Zumal für eine Frau, die ihr Leben – wie sie sagt – in Gottes Hand gelegt hat.

Kohelet kommentiert: Es bleibt krumm und kann nicht gerade werden. Doch Paul Claudel tröstete: „Gott schreibt auf krummen Linien gerade."

Rom im November

Sie gleicht einer Verführerin, für die man alle heiligen Grundsätze aufzugeben bereit ist: Rom betört! Ich bin der Stadt hörig, folge mindestens einmal im Jahr ihrem Lockruf und frage mich dann jedes Mal, was ich in diesem lauten, teuren und schmutzigen Moloch suche. Immer mich selbst.

In jedem Monat war ich schon da, in glühender Hitze und im Schnee (dem Rom hilflos ausgeliefert scheint). Ohne Lieblichkeit zeigt sich Rom im November. Das Wetter trüb, zum Draußen-Sitzen zu kühl, auch das warme Licht fehlt, das die Ewige Stadt in ihren unvergleichlichen Glanz hüllt.

Rom im November – das könnte auch als poetische Umschreibung dienen für den Zustand jener Religion, die sich nach der Metropole benennt. Die römisch-katholische Kirche möchte den Eindruck erwecken, alles sei ganz wunderbar und laufe prima wie immer. Der Prunk lässt kaum vermuten, dass sich diese größte Glaubensgemeinschaft der Welt in einer schweren Krise befindet. In Deutschland ist das allerdings sehr offensichtlich.

Die Veränderungsprozesse innerhalb der katholischen Kirche betrachte ich aus einer heilsamen Distanz. Ich leide mit den katholischen Schwestern und Brüdern unter ausbleibenden Reformen. Das II. Vatikanische Konzil ließ von einer anderen Kirche träumen. Doch die Bewegung erlahmte wieder in den letzten Jahrzehnten. Unter Papst Franziskus hat zwar ein kirchlicher Klimawandel eingesetzt, man darf über vieles diskutieren. Nur, substantielle Fortschritte sind nicht wahrnehmbar. Eigentlich ist das nun wirklich nicht mein Thema. Allein, die fortschreitende Entfremdung meiner katholischen Familienangehörigen und Freunde von ihrer Institution bedrückt auch mich.

Sich als Nicht-Katholik klammheimlich an den Schwierigkeiten der römischen Variante zu ergötzen wäre dumm. Von einer starken und lebendigen katholischen Kirche profitieren auch Protestanten und Orthodoxe.

Ich versuchte auch zu verstehen, wo der Unterschied zwischen Weisheit und Dummheit liegt. Aber ich begriff: Auch diese Mühe ist so sinnlos wie der Versuch, den Wind einzufangen. Denn je größer die Weisheit ist, desto größer ist auch die Mutlosigkeit, und je größer die Erkenntnis wird, umso mehr steigert sich auch die Enttäuschung. (Prediger 1,17–18)

Elmar, ein katholischer Diakon, verheiratet und Vater zweier Kinder, gehört durch sein Amt zur kirchlichen Hierarchie. Er ist ein sympathischer Offizieller seiner Kirche: kommunikationsfreudig, intelligent, engagiert und von tiefer Frömmigkeit. Der Mann ist beliebt.

Dann passiert etwas, das einfach nicht vorgesehen ist. Elmar verliebt sich in eine andere Frau. Die Ehe wird geschieden, und da er mit seiner Freundin zusammenlebt, muss er sein Amt ruhen lassen. Die Ehe wird nach einigen Jahren annulliert. Heißt in der Lesart seiner Kirche: Diese Ehe hat nie bestanden. (Die Kinder behalten allerdings den Status „ehelich".) Nun kann Elmar seine Freundin heiraten und seinen Dienst als Diakon wieder aufnehmen, die Kirche braucht Leute wie ihn. … Zu früh gefreut! Da seine erste Ehe nie bestand, ist er unverheiratet Diakon geworden. Wer verheiratet geweiht wird, darf verheiratet bleiben. Wer ledig Diakon wird, muss den Zölibat versprechen. Elmar hat sich also zu entscheiden: sein Diakonenamt wieder aufzunehmen oder die Ehe mit seiner neuen Liebe einzugehen.

Storys dieser Art erzähle ich ohne Schadenfreude, sondern mit großem Bedauern für Elmar und für seine Kirche. Die bringt sich aufgrund ihrer speziellen Rechtsauffassung um gute Leute, die sie den Gläubigen vorenthält. Wie Elmar berichten mir auch andere Amts- und Funktionsträger tief bedrückt vom Leiden an ihrer Institution. Ihre detaillierte Kenntnis der Realität steigert ihre Enttäuschung. Sie sehen Stagnation, ja Rückschritt. Sie nehmen eine Verweigerung der Wirklichkeit wahr, ein Versagen aufrichtiger Kommunikation. Es liegt dann (ausgerechnet) an mir, sie zu trösten und zu ermutigen durchzuhalten.

Der Katholizismus verdient eine differenzierte Betrachtung. Unter dem Begriff „Katholische Kirche" wird ein buntes Sammelsurium an Kirchen und Gemeinschaften, Theologien und Liturgien, Kulturen und Philosophien zusammengefasst. Diese Buntheit hat etwas Faszinierendes. Damit dieses hochkomplexe Gebilde irgendwie zusammengehalten wird, drängt die Kirchenleitung auf die Einhaltung bestimmter Regeln, die dem Kirchenvolk oft genug abstrus vorkommen.

Mancher Katholik gibt sich deswegen der Novemberstimmung hin, sieht alles nur noch düster und nebelig. November kann melancholisch machen, sogar depressiv. Dass ab und zu die Sonne durchbricht, erreicht das Gemüt vieler Kirchenmitglieder nicht mehr.

Ich darf anders auf diese Kirche blicken, entspannter. Ich erwarte weniger und empfange daher mehr. So schätze ich mich glücklich, mit einem Priester befreundet zu sein, der in Rom als Professor der Theologie an der päpstlichen Universität wirkt. Als wir uns zuletzt an einem Samstag im November in einer Bar trafen, fragte er unvermittelt: „Magst du morgen bei mir predigen?" Ich sagte zu. Am nächsten Tag stand ich in der Albe neben ihm, er stellte mich als seinen evangelischen Freund vor und übersetzte meine Predigt Satz für Satz.

Beim Friedensgruß beseelten mich die fast zärtlichen Berührungen der Menschen, die hier Gottesdienst feierten, inklusive einiger Ordensschwestern. Ihr Lächeln und ihre Worte ließen erkennen: Uns trennt nichts! Mit absoluter Selbstverständlichkeit empfing ich die Kommunion in den Gestalten von Brot und Wein. In Köln wäre das nicht möglich gewesen. Geschichten dieser Art könnte ich viele erzählen.

Die katholische Kirche verstehen wollen? „Auch diese Mühe ist so sinnlos wie der Versuch, den Wind einzufangen", würde Kohelet entgegnen. Albert Einstein hat es handfest ausgedrückt: „Man muss die Welt nicht verstehen, man muss sich nur in ihr zurechtfinden." Sich im Katholizismus zurechtzufinden gleicht einer Herausforderung. Die Katholikinnen und Katholiken müssen sie mutig annehmen. Ich möchte sie dabei unterstützen.

Wir können doch voneinander lernen. Und gemeinsam den Frühling erwarten.

Der mittlere Weg

Hennings Vater arbeitete als Professor in Bangkok, so lebte seine Familie ein paar Jahre lang in Thailand. Als er Jugendlicher war, kam sie zurück nach Deutschland. Henning wurde in meiner Bonner Kirchengemeinde konfirmiert und engagierte sich in der Gruppe für behinderte Menschen. Nach dem Studium zog es ihn zurück in den Fernen Osten. Er wandte sich der Lehre des Buddha zu, wurde Mönch und sogar Abt eines Klosters in der thailändischen Provinz Ubon, weitab von den Touristenmagneten.

Henning heißt als Mönch Kevali: „der das Absolute erreicht hat". Das weist Kevali bescheiden von sich. Denn ein Mönch ist immer unterwegs. Zwar wächst die Erkenntnis, aber die Disziplin fordert ihn täglich.

Ein Buddhist folgt dem Weg des Buddha. „Buddha" ist ein Ehrentitel und bedeutet etwa „der Erwachte". Zuvor war sein Name Siddharta Gautama. Er lebte um 500 vor Christus in Indien als Prinz eines kleinen Königreiches. Was wir von ihm wissen, ist von Legenden überwuchert. Doch all die schönen Geschichten haben die Funktion, seine wundersame Lebenswende noch dramatischer erscheinen zu lassen.

Demnach standen Siddharta Gautama drei Paläste zur Verfügung, für den Sommer, für den Winter und für die Regenzeit dazwischen. Dort unterhielten ihn Tänzerinnen und Musiker. Er war verheiratet und Vater eines Sohnes. An Vergnügungen mangelte es ihm nicht. Doch er fand im Luxus keine Erfüllung. So machte er heimlich vier Ausfahrten mit der Kutsche. Am ersten Tag sah er einen Kranken und kam erschrocken heim: Krankheit würde auch ihm nicht erspart bleiben. Am zweiten Tag fiel ihm ein Alter auf; ihn würde das gleiche Schicksal treffen, alt zu werden. Bei der dritten Ausfahrt wurde er mit einem Toten konfrontiert, den man gerade zum Verbrennungsplatz brachte; das gleiche Ende erwartete ihn. Bei der vierten Ausfahrt entdeckte er einen Mönch. Dieser ließ sich von der belastenden Wirklichkeit nicht beeindrucken. So wollte er auch werden!

Siddharta Gautama verließ seine Familie und die Paläste, zog vom „Haus in die Hauslosigkeit" und suchte die Wahrheit zu ergründen. Er fastete sich beinahe zu Tode, doch die Weisheit stellte sich nicht ein. Als er sein Vorhaben aufgeben wollte, setzte er sich enttäuscht unter einen Baum – und wurde „erleuchtet": Was man unbedingt will, bekommt man nicht. Wer loslassen kann, erhält. Er „erwachte". Das machte ihn zum Buddha. Er begründete den „mittleren Weg", zwischen absoluter Entsagung und einem Leben ohne jegliche Einschränkung.

Ich sagte mir: „Dann schaffe ich mir ein angenehmes Leben und genieße das Gute." Doch ich erkannte, dass auch darin kein Sinn liegt. „Es ist unsinnig zu lachen", sagte ich mir. „Was für einen Nutzen hat es, sich zu freuen?" In meinem Herzen nahm ich mir vor, mich mit Wein zu berauschen, aber so, dass ich noch besonnen über die Weisheit nachdenken könnte. Ich wollte so leben wie die Dummen, um herauszufinden, welche Lebensart für die Menschen während ihrer Zeit hier auf der Erde am besten sei. Ich vollbrachte Großartiges: Ich baute mir Häuser und pflanzte Weinberge. Ich legte Gärten und Parks an und ließ alle Sorten Obstbäume setzen. Ich sammelte das Wasser in Teichen, um damit meine vielen Bäume zu bewässern. Ich kaufte Sklaven und

Sklavinnen, und weitere Sklaven wurden in meinem Haus geboren. Ich besaß größere Schaf- und Viehherden als irgendjemand vor mir in Jerusalem. Ich häufte Gold und Silber in meiner Schatzkammer an, die Schätze vieler Könige und Provinzen. Ich holte Sänger und Sängerinnen an meinen Hof und nahm mir viele Frauen – das Höchste, was sich ein Mann nur wünschen kann! Auf diese Weise wurde ich berühmter und reicher als alle Könige, die vor mir in Jerusalem geherrscht hatten. Neben all dem besaß ich meine Weisheit. Wenn mir etwas ins Auge stach, was ich haben wollte, nahm ich es mir. Ich versagte mir keine einzige Freude. Und ich freute mich bei all den Mühen, die ich hatte – das war gleichsam ein Nebenlohn meiner Anstrengungen. Doch als ich alles prüfend betrachtete, was ich mir mit meinen Händen erworben hatte, und die Mühe dagegenhielt, die ich darauf verwendet hatte, merkte ich, dass alles sinnlos war. Es war so unnütz wie der Versuch, den Wind einzufangen. Es gibt keinen bleibenden Gewinn auf dieser Welt. (Prediger 2,1–11)

Kohelet wird wohl nie etwas von Buddha gehört haben, aber die Parallelen in der Erkenntnis der beiden sind offensichtlich. Doch ist die weise Einsicht kompatibel mit unserer Wirklichkeit? „Haste was, biste was", warb früher eine Bank im Fernsehen, und die Girlgroup Tic Tac Toe sang folgerichtig: „Haste was, biste was! Haste nichts, biste nichts!" Das scheint dem menschlichen Naturell zu entsprechen, sich über das Haben zu definieren. Haben oder Sein, formuliert Erich Fromm.

Bei einem Besuch in Kevalis Kloster durfte ich mich von der Ernsthaftigkeit des buddhistischen Weges überzeugen. Wie die Mönche stand ich morgens um drei Uhr auf, denn dann sind die Temperaturen noch erträglich. Um halb vier ist „chanting"; eine halbe Stunde lang rezitieren die Mönche heilige Verse, dann wird eine Stunde still meditiert. Um sechs Uhr beginnt der Almosengang durch die nahegelegenen Dörfer. Die Bewohner spenden täglich Lebensmittel: Reis, Obst, Süßigkeiten, Getränke und andere Sachen. Auch Geld, aber das darf ein Mönch nicht annehmen, das kann nur im Tempel in einen Opferstock gegeben werden. Um acht Uhr gibt es die einzige Mahlzeit am Tag. (Am Nachmittag wird Tee oder Saft gereicht.) Im Tagesverlauf folgen Belehrung, Arbeit, Ruhephasen und am Abend noch einmal Rezitation und Meditation.

Über allem liegen ein großer Frieden, heilige Ernsthaftigkeit und heitere Gelassenheit. Bei Ausflügen in weitere Klöster wurde mir die Ehre zuteil, andere Äbte kennenzulernen. Sie leben ein so anderes Leben als ich, und doch verstanden wir uns als Menschen wunderbar. Einmal erzählte ich einen alten Witz: Ein Busfahrer und ein Pfarrer kommen gleichzeitig an die Himmelspforte. Petrus winkt den Busfahrer rein, der Pfarrer muss warten und ist deshalb empört. Petrus erklärt: „Wenn du gepredigt hast, haben die Leute geschlafen. Aber wenn der Busfahrer gefahren ist, dann haben sie gebetet." Und die Mönche lachten! (Wie ich lernte, dürfen sie das in Thailand durchaus, nicht aber im benachbarten Burma, da gilt in aller Strenge Lachen als unpassend für einen Mönch.)

In den Gesprächen, die ich mit Kevali führen durfte, merkten wir immer wieder, dass die für uns so selbstverständlichen Begriffe unserer eigenen Religion der Übersetzung bedürfen. Es gibt zahlreiche Ähnlichkeiten und gravierende Unterschiede in den uns prägenden Glaubenssystemen. Am letzten Abend meines Besuchs war ich eingeladen, vor Mönchen und Laienanhängern über das Christentum zu sprechen. Ich erzählte die Lebensgeschichte Jesu.

Kevali, der Jünger Buddhas, und ich, der Jünger Jesu, schätzen uns, weil wir wissen, wie aufrichtig wir beide versuchen, unseren Weg zu gehen. Wir machen uns gegenseitig nichts vor und bekennen einander die Schwierigkeiten und Herausforderungen, auf der Spur zu bleiben.

Von wem stammt wohl dieser Spruch: „Verweile nicht in der Vergangenheit, träume nicht von der Zukunft. Konzentriere dich auf den gegenwärtigen Moment"? Von Buddha, aber Kohelet hätte es genauso sagen können.

Wenn ich in Thailand einen Tempel betrat, warf ich mich wie alle anderen je drei Mal vor der Buddha-Statue nieder. Buddha ist kein Gott. Buddha war überzeugt: Götter können nicht helfen, ein jeder Mensch ist sterblich und zuvor ist sein Leben leidvoll. Die letztendliche Befreiung muss jeder allein vollbringen. Das sehe ich anders. Ich vertraue auf die Gnade. Aber ich bin sehr angetan von der edlen Weisheit des Erhabenen. Er sucht nicht das Glück, sondern den Frieden. Für mich ein Name Gottes.

Vom Segen des Vergessens

Das vorweg: Die handelnden Personen sind weder verrückt noch dumm. Aber der Konflikt war es …, mindestens überflüssig, vor allem vermeidbar. Die Sache selbst ist kaum der Rede wert, sorgte aber für bitteren Nachgeschmack. Und der kann lange anhalten.

Merle, eine Theologiestudentin, die sich auf das Pfarramt vorbereitet und in meiner Gemeinde einen Minijob innehat, ist an der Reihe mit dem „Gebet am Mittwoch", einem kleinen Audio-Angebot auf der Homepage. Ich höre es mir vor dem Frühstück an und muss nach den ersten drei Worten auflachen: „Liebe Mutter Gottes!", sagt Merle. Mir ist sofort klar, sie redet hier nicht Maria an (das Konzil von Ephesus im Jahre 431 verlieh ihr den Ehrentitel „Theotokos" – „die Gottesgebärerin"). Für Merle ist Geschlechtergerechtigkeit selbstverständlich. Ich bin mir absolut sicher, sie spricht in Anlehnung an Gott Vater hier von Mutter Gott. Ein Grammatikfehler.

So beschloss ich herauszufinden, was die Weisheit von der Verrücktheit und der Dummheit unterscheidet. Denn was wird der Mensch tun, der nach dem König kommen wird? Natürlich das, was man schon immer gemacht hat. Ich stellte fest, dass Weisheit wertvoller ist als Dummheit, genauso wie Licht besser ist als Dunkelheit. Denn der Weise hat Augen im Kopf und kann sehen, der Dummkopf dagegen ist blind und tappt im Dunkeln umher. Gleichzeitig erkannte ich aber, dass Weise und Dummköpfe am Ende das gleiche Schicksal ereilt. Da dachte ich mir: „Wenn es mir genauso ergehen wird wie dem Dummkopf – was hatte es dann für einen Sinn, dass ich mich so um

Weisheit bemüht habe?" Und ich sagte mir: *"Das ist doch auch unnütz!"* Man erinnert sich an den Weisen ebenso wenig wie an den Dummen: Später, in der Zukunft, wird sowieso alles vergessen sein. Der Weise muss genauso sterben wie der Dummkopf!
(Prediger 2,12–16)

Nach dem Frühstück rufe ich Merle an. „Hast du ein inniges Verhältnis zur Gottesmutter?", frage ich so beiläufig wie möglich, um mich zu vergewissern, ob ich wirklich richtigliege. Merle reagiert wie erwartet: „Hä?" Dann kläre ich sie darüber auf, dass ihre Formulierung zu Missverständnissen führen könnte. Wir lachen beide.

Das vergeht uns, als sich ein Ehepaar aufgeregt beschwert – per E-Mail an die gesamte Gemeindeleitung; immerhin haben die Leute die Adressen von 14 Mitgliedern des Presbyteriums in den Computer eingegeben. Im Kern lautet der Vorwurf, da würde von Merle zur Marienanbetung aufgerufen! Im Übrigen hätte ich das als Pfarrer ja schon in der Predigt an Heiligabend vorbereitet. Meine Textgrundlage war das Magnifikat gewesen, der Lobgesang Mariens.

Was mit einer falschen Wortendung begonnen hatte, gewann eine absurde Dimension: Die Identität der evangelischen Gemeinde stand auf dem Spiel! Zu ihrem Selbstverständnis gehört offensichtlich, auf jeden Fall alles abzulehnen, was nur einen katholischen Hauch an sich haben könnte, wie das Thema Maria zum Beispiel. Martin Luther sah das entspannter.

Aus der Gemeinde forderte jemand, Merle dürfe, wenn ihr so etwas passiere, nicht Pfarrerin werden. Einer Ehrenamtlichen bereitete diese Bemerkung eine schlaflose Nacht.

Was mich so betrübt: Ich kenne das Ehepaar. Wir hatten ein nettes, offenes Verhältnis; warum haben sie mich nicht einfach angesprochen und gefragt: „Was war das denn da mit der Muttergottes?" Warum diese Aufregung? Das kostete ein großes Stück unseres Vertrauens.

Eine (evangelische) Hörerin des „Gebetes am Mittwoch" meinte, sie sei tatsächlich davon ausgegangen, Maria sei angesprochen worden, und das habe sie überhaupt nicht gestört. Sie würdigte den schönen und tiefen Inhalt von Merles Gebet. Ja, Merle wird eine fabelhafte Pfarrerin werden.

Diese Muttergottes-Episode steht symptomatisch für Auseinandersetzungen im Mikrokosmos Gemeinde. Hier ist jemand gekränkt, weil er sich nicht angemessen gegrüßt fühlt. Dort beschwert sich einer und möchte in der Predigt nicht geduzt werden (wenn ich zum Beispiel frage „Wisst ihr, was ich meine?"). Über die meisten Vorwürfe und Auseinandersetzungen kann man außerhalb des Gemeinde-Biotops nur den Kopf schütteln. Wir beschäftigen uns viel und gern und ausführlich mit uns selbst. Und wenn ich höre, was anderswo los ist, geht's uns noch gut.

Dabei ist der Anspruch ein ganz anderer. Der abstrakte Begriff Kirche soll in der Gemeinde konkret werden: Wir, diese unvollkommenen und unterschiedlichen Menschen, sind die Gemeinschaft der Heiligen. Wir repräsentieren als Leib Christi das Reich Gottes. Wir sind kein Selbstzweck, sondern im Auftrag des Herrn unterwegs – befähigt, seine Botschaft in die Welt zu tragen. … Die Theologin Dorothee Sölle hat solche theologische Phrasendrescherei entlarvt und sagt: „Dass Gott uns alle und sogar jeden einzelnen liebt, ist eine allgemeine theologische Wahrheit, die ohne Übersetzung zur allgemeinen Lüge wird. Die Übersetzung dieses Satzes ist die weltverändernde Praxis." An der Umsetzung scheitern wir immer wieder gnadenlos.

Unser gegenseitiges Beurteilen und Verurteilen hat mit dem Evangelium nicht mehr viel zu tun. Wir benehmen uns verrückt und dumm, weil es uns an Weisheit mangelt, würde Kohelet diagnostizieren. Das macht alles unnütz. Und am Ende muss der Weise genauso sterben wie der Dummkopf. Stimmt. Aber in der Zeit davor liegt es in unserer Hand, das Leben etwas erträglicher zu gestalten. Gottes Liebe im Alltag zu praktizieren verändert die Welt. Wir verlieren nicht nur Kirchenmitglieder, weil die Menschen aufhören, an Gott zu glauben, sondern auch, weil es bei uns oft genug so wenig wohlwollend zugeht.

„Später, in der Zukunft, wird sowieso alles vergessen sein." Welch ein Segen! Dank sei Mutter Gott!

Begriff im Wandel

Herrn Lipkos Anzug sitzt wie maßgeschneidert. Die – wohl italienische – Seidenkrawatte gleicht einem Schmuckstück. Haare adrett, Schuhe tipptopp. Diese lässige Haltung, in der er mir gegenübersitzt. Er möchte jünger aussehen, als er ist. Seine erfolgreiche Karriere lässt er im Gespräch so nebenbei einfließen, ebenso die beeindruckenden Berufe seiner Kinder. Über seine Kontakte zu wichtigen Persönlichkeiten der Gesellschaft berichtet er anekdotenhaft. Mit einem Wort: Der Mann ist eitel. Ich gestehe, dass ich Frauen diese Eigenschaft großzügiger durchgehen lasse als Männern.

Eitelkeit: Da setzt ein Mensch alles daran, als schön und besonders wahrgenommen zu werden. Soll er doch! Ich empfinde statt Hochachtung eher so etwas wie Mitleid mit den Eitlen. Durch ihr Auftreten und Verhalten geben sie zu erkennen, dass sie mit dem, wie sie wirklich sind, keinen Frieden haben. Sie können sich mit ihrer eigenen Unvollkommenheit und Normalität nicht versöhnen. Ich kann das gut nachvollziehen, gibt es doch auch in mir Anflüge von Eitelkeit. Es ist keine angenehme, doch auch keine ganz außergewöhnliche Eigenschaft. Eigentlich zum Lachen!

Der Begriff hat jedoch im Laufe der Jahrhunderte seine Bedeutung gewandelt. Was heute eher wie eine puritanische Bewertung klingt, meinte früher Vergänglichkeit. Martin Luther übersetzt das hebräische „häwäl" mit eitel. In diesem Sinne überschrieb der Barockdichter Andreas Gryphius sein berühmtes Sonett mit dem Titel „Es ist alles eitel":

Du siehst, wohin du siehst, nur Eitelkeit auf Erden.
Was dieser heute baut, reißt jener morgen ein:
Wo jetzt noch Städte stehn, wird eine Wiese sein,
auf der ein Schäferskind wird spielen mit den Herden.

Was jetzt noch prächtig blüht, soll bald zertreten werden.
Was jetzt so pocht und trotzt, ist morgen Asch' und Bein,
nichts ist, das ewig sei, kein Erz, kein Marmorstein.
Jetzt lacht das Glück uns an, bald donnern die Beschwerden.

Der hohen Taten Ruhm muss wie ein Traum vergehn.
Soll denn das Spiel der Zeit, der leichte Mensch, bestehn?
Ach! Was ist alles dies, was wir für köstlich achten,
als schlechte Nichtigkeit, als Schatten, Staub und Wind;
als eine Wiesenblum', die man nicht wieder find't.
Noch will, was ewig ist, kein einzig Mensch betrachten!

Gryphius verfasste diese Verse während des Dreißigjährigen Krieges. Darin sind sich alle Kriege gleich: Neben der Zerstörung von Leben, Natur und Kultur vernichten sie auch jene Stabilität, die zum Gedeihen notwendig ist. Doch auch ohne kriegerische Auseinandersetzungen verändern sich die Lebensgrundlagen immer wieder gravierend. Nichts bleibt, wie es ist.

Da wurde mir das Leben vollständig verleidet, denn es ist alles so sinnlos, als wolle man den Wind fangen. Ich hasste meine Anstrengungen, die ich unternommen hatte, um etwas zu erreichen – ich muss ja doch alles meinem Nachfolger hinterlassen! Und wer weiß, ob dieser weise oder töricht sein wird? Und dennoch wird ihm alles gehören, was ich durch Klugheit und harte Arbeit erworben habe. Das ist so sinnlos! Ich verzweifelte fast, als ich mir alle

Mühe und Arbeit vor Augen hielt, die ich mir hier auf der Erde gemacht hatte. Denn es ist so: Ein Mensch müht sich ab, gibt Weisheit, Einsicht und sein ganzes Geschick daran, etwas zu erreichen. Dann aber muss er alles, was er erreicht hat, einem Menschen hinterlassen, der nichts dafür getan hat. Das ist völlig sinnlos und ungerecht. (Prediger 2,17–21)

„Was dieser heute baut, reißt jener morgen ein", das ist für Gryphius traurige Realität, Kohelet sieht es übertragen in einem Menschenleben. Du baust etwas auf, aber nach dir wird es nicht fortgeführt. Das kennen viele, die sich in ihrer Arbeit, einem Ehrenamt oder für eine Idee mit Herzblut engagieren. Eines Tages scheint das alles nichts mehr wert zu sein. Technologien haben sich überholt, gesellschaftliche Trends gewandelt, der Geschmack ist ein anderer geworden, der Bedarf fällt weg, das Interesse erlischt.

Das kann einem das Leben verleiden, das kann man als sinnlos und ungerecht empfinden. Man muss es jedoch nicht. Wenn Kohelet auf meinem Sofa säße und mir sein Leid klagte, dann würde ich auch entgegnen: „Du hast ja so Recht! Doch den Anspruch zu erheben, alles müsste immer so weitergehen, wie du es gemacht hast, ist einfach unangemessen."

Wir hinterlassen etwas, wenn wir von dieser Welt gehen. Übrigens mitunter nicht nur Gutes. Doch wir haben auch etwas vorgefunden, als wir auf die Welt kamen. Nicht nur Schlechtes. Nachfolgende Generationen müssen ihren Weg zu leben finden, den dürfen wir nicht vorherbestimmen. Auch wir wollten unsere Vorstellungen verwirklichen, als wir antraten die Gegenwart zu gestalten.

Aus dem Bereich Kirche kenne ich das zur Genüge. Mancher Pfarrer meint, ohne ihn würde die Kirche zusammenbrechen. Weit gefehlt, sie hat alle Geistlichen überlebt. Und dass die jungen Nachfolger überzeugt sind, sie wüssten endlich, wie man es richtig macht: So soll es sein!

Ein wenig von Herrn Lipko steckt in uns allen: Alles ist eitel! Und alles ist vergänglich. Das ist wahr und das ist gut so.

Wofür ist Essen da?

Schokolade könnte als Medikament für die Nerven verschrieben werden, ein Riegel Traubennuss wirkt Wunder. Auch Gummibärchen tun gut. Es gibt Tage, da hilft nur ein Gyros komplett. Das Glas Wein relativiert manches Problem, der Marillenschnaps löst Spannungen. Und bei frischem Bienenstich könnte man fast vergessen, wie sinnlos das Leben ist.

Als ich beim runden Geburtstag eines Freundes auf den Nachschlag verzichten will, weil ich mir vorgenommen habe abzunehmen (und von dem grandiosen Büffet kann man einfach nicht alles probieren), sieht mich die Partnerin eines Bekannten mitfühlend an: „Ausnahmen machen das Leben schön!" Und in Überlingen am Bodensee wehre ich die Dessertkarte im Gasthaus ab; ich sei satt, versichere ich mit einem Grinsen, und essen ohne Hunger sei die Todsünde der Völlerei. Da kontert die Bedienung schlagfertig: „Dafür ist Essen da!"

Essen und Trinken hält Leib und Seele zusammen, heißt es. Wer hungert und dürstet, weil ihm nichts zur Verfügung steht, der leidet brutal. Bei uns leiden die Menschen eher, weil sie zu viel zu sich nehmen, über Hunger und Durst hinaus, aus Langeweile und Frust. Es gibt Leute, die spüren sich selbst nur, wenn sie konsumieren. Andere fasten sich krank. Ernährung ist ein aufgeladenes Thema. Es betrifft nicht nur die Gesundheit, sondern die ganze Weltsicht: Was darf man überhaupt guten Gewissens verzehren?

Mitunter vergeht uns der Appetit, weil uns Sorgen belasten. Beim Sohn einer Frau, einem jungen Mann Mitte zwanzig, wurde Krebs diagnostiziert. Früh genug. Die Heilungschancen stehen gut. Aber die Sorgen der Frau sind mächtig. Sie erzählt mir davon. Ich kann nicht viel für sie tun. Wochen später bedankt sie sich für das Gespräch, das hätte ihr so gutgetan. Dabei habe ich ihr nur aufmerksam zugehört und sie ernst genommen. Und ihr geraten, gut für sich zu sorgen, um bei Kräften zu bleiben.

Mir selbst geht es ja ähnlich: Wenn mich etwas plagt, dann spreche ich darüber mit einem Menschen, dem ich vertraue. Dann will ich nicht hören: „Alles halb so schlimm!" Ich brauche das Gefühl, in meiner Not gesehen zu werden. Und wenn ich darüber hinaus spüren darf, es gibt nicht nur meine begrenzte Sicht, man kann das alles auch anders einschätzen, dann wirkt das beruhigend.

Schon als Jugendlicher sang ich im Gottesdienst gern das Lied von Georg Neumark „Wer nur den lieben Gott lässt walten". Die zweite Strophe lautet: „Was helfen uns die schweren Sorgen, / was hilft uns unser Weh und Ach? / Was hilft es, dass wir alle Morgen / beseufzen unser Ungemach? / Wir machen unser Kreuz und Leid / nur größer durch die Traurigkeit." Das geht tiefer als der platte Slogan von Dale Carnegie: „Sorge dich nicht – lebe!" Denn das Lied aus dem 17. Jahrhundert integriert die Sorge in das Vertrauen auf Gott. Das ist die größere Perspektive, die über die eigene enge Wahrnehmung hinausreicht.

Was hat der Mensch letztendlich von seiner schweren Arbeit und von all seinen Sorgen? Er müht sich ab, jeden Tag leidet er, seine Arbeit bringt ihm nur Ärger ein, und selbst nachts findet er keine Ruhe mehr. Es ergibt keinen Sinn. Es gibt nichts Besseres für den Menschen, als sich an dem zu freuen, was er isst und trinkt, und das Leben trotz aller Mühe zu genießen. Doch ich erkannte, dass auch das ein Geschenk Gottes ist. Denn wie kann man sich am Essen oder Trinken freuen ohne sein Zutun? (Prediger 2,22–25)

Schwere Krankheiten hatten meine Schwiegermutter lange gepeinigt. Irgendwann verweigerte sie die Nahrungszufuhr. Es dauerte ein paar Wochen, bis sie starb. Essen und Trinken sind Zeichen von Lebenswillen. Es geht nicht darum, gegen die Beschwernisse des Daseins anzuessen und anzutrinken. Aber trotz aller Mühsal dürfen wir genießen. Die Probleme bleiben, werden jedoch für Momente der Freude gezähmt.

Mit meinem besten Freund esse ich gern zusammen, denn er futtert mit Hingabe. Wir können uns geradezu tierisch über beste Speisen hermachen, aber auch eine Dosensuppe löffeln oder die Pralinenschachtel leeren. Wir lassen uns nicht kleinkriegen, versichern wir uns gegenseitig durch unser Tun. Wenn wir die großen Zusammenhänge auch nicht verstehen, von Genuss verstehen wir etwas.

Mit Hingabe essen und trinken zu können ist ein Geschenk. Wer aus gesundheitlichen Gründen immer prüfen muss, was er zu sich nehmen kann und was nicht (Laktose?, Gluten?, Alkohol?), wird ausgebremst. Was aber dann noch möglich ist, soll erfreuen.

Als ich auf dem Kirchentag dem Pfadfinder zwei Rosinenschnecken schenkte, rief er mir ein begeistertes „Geil!" zu. Ein Dank an mich und an den Schöpfer, der Menschen Rosinenschnecken erfinden ließ. „Wie kann man sich am Essen oder Trinken freuen ohne sein Zutun?", fragt Kohelet, eher rhetorisch, denn die meisten werden wohl ohne einen Gedanken an ihn kauen und schlucken und schmecken. Ich möchte die Dankbarkeit als Lebensmotto umsetzen. Nichts ist selbstverständlich.

Eine Freundin machte eine Radwanderung um den Baikalsee. Zwischendurch menschenleere Abschnitte. Die Lust auf etwas Leckeres stieg ins Unermessliche. Dann bröselte sie Butterkekse in eine Tasse und vermengte sie mit „Milchmädchen", einer gezuckerten Kondensmilchpaste. „Das war der Himmel", schwärmte sie. Auch ein Gebet. Ich kann es nachschmecken.

Einfach mal „Ich weiß es nicht" sagen

Mosaiksteinchen aus meinen Begegnungen als Pfarrer:

Der Siebzigjährige hat eine Affäre. Nun hat ihm die Freundin den Laufpass gegeben. Den Mann quält auf seine alten Tage Liebeskummer.

Der Seniorin ist vor Jahren der erwachsene Sohn gestorben. Das hat sie Gott nie verziehen. Zum Gottesdienst kommt sie seither nicht mehr.

Ein Brautpaar sitzt in meinem Wohnzimmer auf dem Sofa. Ich frage die Braut etwas, sie antwortet. Ich frage beide etwas, sie antwortet. Ich frage ihn etwas … sie antwortet.

Die Frau in meinem Alter findet sich im Gleichnis vom Barmherzigen Vater wieder: Ihr Bruder sei der verlorene Sohn, der das Geld verprasst hat und dennoch alle Liebe der Eltern genießt. Sie sei für Mutter und Vater immer da gewesen, habe sich stets gekümmert. Ihr hält man vor, sie sei ja nie da. Ich rate ihr, die Eltern konkret darauf anzusprechen. Sie wehrt ab: „Dann streiten die ja nur." Ich entgegne: „Streit ist ein Zeichen von Nähe." Sie lacht zustimmend. Aber bitter.

Ein Mann klagt mir, seine Frau werde dement. Ein paar Tage später bittet seine Frau um einen Termin bei mir, denn sie sucht Rat: „Mein Mann wird dement."

Ein Herr bittet um ein Gespräch. Dabei fragt er mich: „Glauben Sie an Gott?" Ich bejahe lächelnd. Darauf seufzt er mit Tränen in den Augen: „Dann kann ich auch glauben."

Wer wollte diese skizzierten Personen und Konflikte beurteilen? Ich auf jeden Fall nicht. Das Panoptikum des menschlichen Umgangs mit dem Phänomen Leben ist bunt und schillernd. Sieht Gott das auch so gelassen? Oder bewertet er?

Gott schenkt demjenigen, der ihm gefällt, Weisheit, Erkenntnis und Freude. Doch wer sich nicht um Gott kümmert, den lässt er sich mühen, um Güter zu sammeln und Besitz anzuhäufen – um ihm dann seinen Reichtum fortzunehmen und denen zu geben, an denen er Freude hat. Dann war seine ganze Mühe sinnlos und gleicht dem Versuch, den Wind einzufangen. (Prediger 2,26)

Weisheit, Erkenntnis und Freude – damit kann das Leben gelingen! Solche Güter erhält, wer Gott gefällt. Wie aber kommt es, dass die einen Gott gefallen wie Abel, die anderen, dem Kain gleich, aber nicht? Kann man etwas dafür tun, um Gott zu gefallen? Wenn ja, was? Seine Gebote beachten? Verschenkt Gott seine Gunst aufgrund undurchschaubarer Kriterien? Oder einfach nach Lust und Laune? Wahrscheinlich will Kohelet gar nicht die Prädestination thematisieren, also Vorherbestimmung durch Gott. Doch seine Bemerkung wirft Fragen auf.

Wer sich nicht um Gott kümmert, wird bestraft – und zwar perfide: Erst legt er sich krumm für seinen Besitz, dann wird ihm alles genommen. Ist aber der Verlust schon Beweis für mangelndes Interesse an Gott?

Kohelet beobachtet die Welt. Dann zieht er seine Schlüsse. Doch seine Perspektive bleibt begrenzt. Mir wäre es lieber, er würde häufiger mal bescheiden sagen: „Ich weiß es nicht!" Er ist kein Theologe, macht aber steile Aussagen über Gott. Hätte er das Buch Hiob gelesen, fielen seine Behauptungen wohl zurückhaltender aus.

Die Menschen, die ich oben kurz beschrieben habe, kann ich nur nehmen, wie sie sind. Ich kenne ihre Namen. Wie viel mehr muss derjenige ein großes Herz haben, der uns alle beim Namen ruft?

Mittwochskind

Ein Sonntagskind ist ein Glückskind. Ich wurde an einem Mittwoch geboren.

Der Sonntag ist in der Zählweise der Juden, Christen und Muslime der erste Tag der Woche – entsprechend dem ersten Tag der Schöpfung. Die Christen begehen ihn ab dem 4. Jahrhundert als Feiertag, denn am ersten Tag der Woche fanden die Frauen das Grab Jesu leer vor. Jeder Sonntag erinnert an Ostern, die Auferstehung, den Mittelpunkt des Glaubens.

In einigen Sprachen wird der Mittwoch nach alten Göttern benannt (so zum Beispiel Wednesday vom germanischen Wodan oder Mercredi vom römischen Merkur). Im Deutschen und in anderen Sprachen ist Mittwoch eine schlichte Funktionsbezeichnung: Der mittlere von sieben Tagen der Woche. Erst nachdem sich Deutschland im Jahr 1976 der internationalen Zeitstandardisierung angeschlossen hat, die den Montag als ersten Tag der Woche festlegt, gibt es die Verwirrung, dass die Mitte der Woche nun auf den Donnerstag fällt.

Laut Schöpfungsmythos wurden am vierten Tag Sonne, Mond und die Sterne geschaffen. Ohne die Sonne könnte die Erde nicht existieren, gäbe es kein Leben. Ich bin an einem Mittwoch ins Licht der Sonne eingetreten. Der Tag zeigte sich damals leicht bewölkt, aber heiter, mit 13 Sonnenstunden.

Der Mittwoch hat keinen guten Ruf. Zwar wird er nicht ganz so verdammt wie der Montag, aber Mittwoch klingt eben nach mittendrin. Bis zum Wochenende dauert es noch. Der Tag hat kein frommes Gedenken wie der Donnerstag (Letztes Abendmahl) oder der Freitag (Kreuzigung). Nach orthodoxer Tradition verriet Judas an einem Mittwoch seinen Herrn. Der einzige Mittwoch von Format ist der Aschermittwoch, an dem „alles vorbei" ist – die Lust, die Freude, der Spaß. Das Fasten beginnt. An einem Mittwoch mussten früher einmal „gefallene Mädchen" heiraten, solche durften den Samstag nicht entweihen.

Dennoch liebe ich den Mittwoch, das Mittendrin. Wochenenden sind ja auch nicht nur schön. Der Mittwoch hält noch alle Chancen parat. Gelegenheit, etwas zu schaffen. Möglichkeit der Vorfreude. Wer den Mittwoch nicht mag, weil man da arbeiten muss, wie soll der seines Lebens froh werden? Ich schätze seine Normalität. Alltag. Nichts Besonderes.

Der Mittwoch ist ein Sinnbild für meinen Glauben. Der mag am Sonntag zelebriert werden, aber bewähren muss er sich am Mittwoch: mittendrin! Mitten in Belastungen, Konflikten, Verrücktheiten. Viele Symbole des Glaubens (wie Gottesdienst, Gebet, Bibellesung, Sakramente, Bilder und so weiter) erhöhen die Seele wohlig. Aber helfen sie ihr und dem Verstand, das Dasein am Mittwoch zu bewältigen?

Ich brauche eine Mittwochsspiritualität, eine fürs Mittendrin. Weil ich mein Leben nicht aufspalten will in einen frommen und einen weltlichen Teil. Die Grenzen von heilig und profan sind aufgehoben. Alles ist heilig, alles ist weltlich. Und mitten in dieser mitunter seltsamen Welt offenbart sich Gott, in meiner bescheidenen Existenz, die geprägt ist von Gegensätzen.

Alles hat seine Zeit, alles auf dieser Welt hat seine ihm gesetzte Frist: Geboren werden hat seine Zeit wie auch das Sterben. Pflanzen hat seine Zeit wie auch das Ausreißen des Gepflanzten.

Töten hat seine Zeit wie auch das Heilen. Niederreißen hat seine Zeit wie auch das Aufbauen. Weinen hat seine Zeit wie auch das Lachen. Klagen hat seine Zeit wie auch das Tanzen. Steine zerstreuen hat seine Zeit wie auch das Sammeln von Steinen. Umarmen hat seine Zeit wie auch das Loslassen. Suchen hat seine Zeit wie auch das Verlieren. Behalten hat seine Zeit wie auch das Wegwerfen. Zerreißen hat seine Zeit wie auch das Flicken. Schweigen hat seine Zeit wie auch das Reden. Lieben hat seine Zeit wie auch das Hassen. Krieg hat seine Zeit wie auch der Frieden. Was also hat der Mensch davon, dass er sich abmüht? (Prediger 3,1–9)

Was Kohelet schreibt, klingt ja eigentlich nicht besonders originell, denn dass Glück und Pech, Erfolg und Niederlage, Gutes und Schlechtes einander abwechseln – das allein wäre eine banale Erkenntnis. Doch aus seinen Worten höre ich einen Gleichmut heraus, der sagt: „Akzeptiere den ständigen Wandel. Wenn du in diese Wirklichkeit einschwingst, reduzierst du dein Leiden."

Ich kenne Phasen religiöser Hingabe und solche, in denen Gott und ich nur lockeren Kontakt halten. Zeiten, in denen mir alles rund und stimmig erscheint, und solche, in denen ich die Bruchstücke meines Lebens nicht zu einem sinnvollen Bild zusammenbringe. Manchmal kann ich das Chaos gelassen hinnehmen, dann wieder bin ich so fertig mit der Welt, dass überhaupt zu leben mir nicht erstrebenswert erscheint. Der Gott, dem ich vertraue, nimmt mich mit meinem Mittwochsglauben an.

Alles gehört zu mir. Und ich lerne langsam alles, was mir widerfährt, anzunehmen. Es ändert sich doch wieder. Alles hat seine Zeit: der Sonntag und der Mittwoch. Ich bin ein Mittwochskind.

Mein Gott, dein Gott

Mein Therapeut ist ein Profi. Wenn ich rede, kann er unendlich lange zuhören. Und dann bringt er durch eine Frage oder eine Zusammenfassung eine Sache auf den Punkt und eröffnet neue Perspektiven. Da ich ein glaubender Mensch bin, kommt auch mein Verhältnis zu Gott immer mal wieder zur Sprache. Sein Verhältnis zum ganzen Kosmos der Religion kenne ich nicht. Als ich einmal über ein Problem berichte, das mir ein schlechtes Gewissen bereitet, fragt er zurück: „Was sagt Ihr Gott zu Ihrem schlechten Gewissen?"

Was mir nachgeht, ist dieses Wörtchen „Ihr" in der Kombination mit Gott. Das klingt so, als habe jede und jeder einen eigenen Gott … und je länger ich darüber nachdenke, desto mehr stimme ich dieser These zu. „Mein" Gott ist das Konstrukt meiner Erziehung, meiner Glaubenserfahrung, meines Nachdenkens. Das, was ich mit dem Begriff Gott zu fassen versuche, hat sich während meines Lebens immer wieder verändert. Und dieser Prozess ist noch in vollem Gange, denn ich lebe ja noch.

Ich habe mir die Arbeit angesehen, die Gott den Menschen gegeben hat, damit sie sich damit plagen. Gott hat allem auf dieser Welt schon im Voraus seine Zeit bestimmt, er hat sogar die Ewigkeit in die Herzen der Menschen gelegt. Aber sie sind nicht in der Lage, das Ausmaß des Wirkens Gottes zu erkennen; sie durchschauen weder, wo es beginnt, noch, wo es endet. Dadurch wurde mir klar, dass es das Beste für den Menschen ist, sich zu freuen und das zu genießen, was er hat. Denn es ist ein Geschenk Gottes, wenn jemand isst und trinkt und sich über die Früchte seiner Arbeit freuen kann. Mir ist auch klar geworden, dass alles, was Gott tut, endgültig ist: Nichts kann hinzugefügt und nichts kann weggenommen werden. Gott handelt so, damit die Menschen Ehrfurcht vor ihm haben. Alles, was heute ist, besteht schon seit langer Zeit, und alles, was in Zukunft sein wird, hat bereits in der Vergangenheit existiert. Denn Gott holt wieder hervor, was in der Vergangenheit gewesen ist. (Prediger 3,10–15)

Kohelet macht eine Reihe von Aussagen über Gott: Gott gibt uns Menschen Arbeit, damit wir uns plagen. Gott hat für alles, was geschieht, eine bestimmte Zeit vorgesehen. Was Gott tut, ist endgültig. Gott fordert unsere Ehrfurcht. – Das alles deckt sich nur rudimentär mit meinen Vorstellungen.

Wohl stimme ich weitgehend mit dem Prediger darin überein, wie er die Menschen einschätzt. Die sind nicht in der Lage, „das Ausmaß des Wirkens Gottes zu erkennen; sie durchschauen weder, wo es beginnt, noch, wo es endet." Wie kann Kohelet dann trotzdem so forsch über Gott sprechen?

In der Kirchengeschichte trat die Theologie (Lehre von Gott) als „Mutter und Herrin aller Wissenschaft" auf. Sie erklärte Gott und die Welt, definierte und fasste ihre Erkenntnisse in dicken Wälzern zusammen. Aber dafür kann Kohelet nun wirklich nichts, er fasst sich eher kurz.

Diese hochtrabende Art, theologisch zu sprechen, wird mir immer unsympathischer. Von Gott zu reden ist mein Beruf, doch die vorgestanzten Formulierungen der Tradition berühren kaum noch meinen Glauben. Ich ringe um Worte, hinter denen ich stehen kann.

Solche Mühe darf von mir verlangt werden: Den eigenen Glauben („meinen" Gott) konfrontiere ich immer wieder mit dem Glauben der Kirche, der Tradition, der Theologie. Da kommt es zu Spannungen. Da versage ich auch schon mal die Gefolgschaft. Doch es gibt auch Entlastungen und Aha-Erlebnisse. Meine Fragen und Zweifel sind nicht neu, ich teile sie mit anderen, und deren Lösungen waren mitunter einleuchtender als mein selbstgestrickter Glaube. Glauben entfaltet sich im Austausch mit anderen. Es gibt gottlob (!) auch andere Arten, Theologie zu betreiben; tastend, dialogisch, mehr hörend statt sprechend.

Die französische Mystikerin Gabrielle Bossis schrieb in ihr Geistliches Tagebuch, was Gott zu ihr sagte. Ob das ein literarischer Kniff war oder ob sie wirklich eine Stimme vernahm beziehungsweise Eingebungen hatte wie die Propheten, entzieht sich meiner Kenntnis. Am 22. Januar 1948 – daran lässt sie uns teilnehmen – sagte Gott zu ihr: „Ich bin der Gott aller Augenblicke des Lebens, denn ich bin die Seele deiner Seele."

Seele ist das deutsche Wort für Psyche. Bei meinem Psychologen kommt mein Innerstes zur Sprache, also auch mein Glaube an Gott. Dieser Gott spricht zu mir, anders als zur Schwester aus Frankreich. Aber mit ihr und mit Kohelet und ungezählten anderen bin ich gemeinsam unterwegs, Gott entgegen. Mein Glaube wird immer freier und gerade dadurch intensiver.

Der Schrei nach Gerechtigkeit

Der Polizist kniet auf dem Hals des Schwarzen, der am Boden liegt. Der Mann bekommt keine Luft. Wenig später stirbt er. – Die Bilder in den Nachrichten verstören. Wie kann ein Polizist das tun, ein Hüter des Gesetzes? Geschieht so etwas denn nur in den USA? Nein, solche Gewalt ereignet sich auch in Europa, bei uns. Es sind wohl Ausnahmen, die überwältigende Mehrheit der Beamten übt gewissenhaft ihren Beruf aus – solch schreckliche Fälle vergiften jedoch das Vertrauen der Bürger in ihre Polizei.

Im Bereich der Justiz ist es nicht anders. Dort soll doch Recht gesprochen werden, im Namen des Volkes! Wenn man sich darauf nicht mehr verlassen kann, geht eine Gesellschaft zugrunde. Im Nationalsozialismus war das so, wie in allen Diktaturen. Ein junger Jurist aus Syrien erzählte mir: „Ich sollte mich gerade entscheiden: Anwalt oder Richter? Bei uns ist alles korrupt. Du bezahlst die Anwälte oder die Richter. Ich war noch am überlegen, was sich mehr lohnt, da musste ich fliehen."

Noch gravierender ist strukturelle Ungerechtigkeit: Wenn Menschen benachteiligt, bedroht oder bestraft werden aufgrund ihrer Hautfarbe, Herkunft oder Religion, ihres Geschlechts oder ihrer sexuellen Identität. Und dass über die Möglichkeit zur gesellschaftlichen Teilhabe, über Bildung, Wohnsituation, Ernährung, medizinische Versorgung und die Qualität der Natur, in der jemand lebt, letztlich das Geld bestimmt. Und Geld ist offensichtlich nicht nach gerechten Maßstäben verteilt.

Auch bemerkte ich, wie es hier in der Welt zugeht: Dort, wo Gericht gehalten wird, herrscht Ungerechtigkeit, und wo eigentlich Gerechtigkeit regieren sollte, kommt nur Bosheit zum Zug. Da sagte ich mir: „Wenn die Zeit gekommen ist, wird Gott jeden richten – den Gerechten wie den, der ohne Gott sein Leben gestaltet. Denn für alles, was auf der Erde geschieht, hat er eine Zeit festgesetzt." Dann erkannte ich, dass dieses um der Menschen willen geschieht. Gott prüft sie, damit sie erkennen, dass sie sich nicht von den Tieren unterscheiden. (Prediger 3,16–18)

Gerechtigkeit sei die Kernbotschaft der Verkündigung aller Propheten, erklärt Mouhanad Khorchide, Leiter des Zentrums für Islamische Theologie in Münster. Das gelte auch für Mohammed. Im Koran heißt es beispielsweise in Sure 4, Vers 58: „Wenn ihr zwischen den Menschen richtet, dann sorgt dabei für Gerechtigkeit." Dass es allerdings in einigen muslimischen Ländern an Gerechtigkeit hapert, ist dem Gelehrten sehr bewusst. Aber er macht deutlich: Das Recht ist ein fundamentales Anliegen Gottes.

Kohelet nimmt das Unrecht bedauernd zur Kenntnis und verweist auf Gott, der einst Gericht halten wird. Ist aber damit den Menschen geholfen, die heute unter Unrecht leiden? Nein, aber Kohelet sagt ja auch: Alles ist „häwäl" – Dunst, sinnlos, flüchtig, nichts.

Der evangelische Theologe Hans Joachim Iwand machte schon vor mehr als 60 Jahren darauf aufmerksam: Wer die Frage der Gerechtigkeit ignoriert, ignoriert Gott selbst! Er fragt: „Hört man eigentlich davon noch etwas, dass, wo Gott kommt, dass er da in seiner Gerechtigkeit kommt? Ist vielleicht die Frage nach dem Sein Gottes und die Frage nach Gerechtigkeit ein und dieselbe Frage? Und muss es nicht so sein, dass – nachdem erst einmal die rechte Einheit zwischen Gott und seinem Gebot zerbrochen ist – wir nun tatsächlich nichts anderes mehr in unseren Händen halten als die zerbrochenen Stücke des einmal Einen und Ganzen? Am Ende der ganzen religionsphilosophischen Bemühung um Gottes Wirklichkeit, am Ende dieser Bemühung, ihn zu fassen hinter den Dingen, hinter dem Erlebnis, hinter der Kultur – steht der Schrei nach Gerechtigkeit."

Der Hunger nach Gerechtigkeit hält an durch die Jahrhunderte. Er wird wohl nie ganz gestillt werden, solange wir Menschen die Erde verwalten. Man könnte Kohelets Haltung als Passivität interpretieren. Das wäre ärgerlich. Wer sich nicht für Gerechtigkeit einsetzt, lässt das Unrecht gewähren. Wie gern würde ich von mir sagen: „Ich habe Gottes Ruf vernommen, da, wo ich stehe, mitzuhelfen, Gerechtigkeit zu realisieren und Unrecht zu bekämpfen." – Doch ich bin oft viel zu bequem. Und noch viel arger ist die bittere Wahrheit, die Kohelet vorhält: Die Welt ist ungerecht!

Ja, wir Menschen sind auch Tiere, aber solche, die nach Gerechtigkeit schreien.

Wir atmen dieselbe Luft

Soeben hatte ich ein Beerdigungs-Vorgespräch beendet; im Auto hörte ich die Mobilbox des Handys ab. Meine älteste Schwester war darauf zu hören. Die Art, wie sie meinen Namen aussprach, ließ mich frösteln. Die Stimme gepresst, belegt, kaum, dass sie den Satz vollenden konnte: „Ruf mich bitte an, sobald du kannst." Ich wusste sofort: Es ist etwas passiert!

Die Geschichte beginnt aber sechs Jahre zuvor. Kaspar, der erste Sohn meines ältesten Bruders Jakob, stirbt im Alter von 21 Jahren. Er war im Dezember nach Drogenkonsum auf einer Parkbank erfroren. Mutmaßlich war der Tod beabsichtigt. Reichen Phantasie und Empathie aus, um sich vorstellen zu können, was das mit den Zurückbleibenden macht? Verwirrung, Schmerz, Wut, der Wunsch, selbst nicht mehr leben zu wollen … die Trauer von Eltern, Bruder, Angehörigen und Freunden kennt viele düstere Stimmungen.

Mir fiel es zu, die Trauerfeier zu gestalten. Kaspar war nicht getauft, mein Bruder aus der Kirche ausgetreten. Und selbst wenn es einen religiösen Hintergrund gegeben hätte: Fromme Worte, die von der Auferstehung zeugen, wären mir fehl am Platze vorgekommen. Es ging an diesem Tag – dem Vortag von Heiligabend – nur ums Ertragen. Überleben hieß die Devise. Kaspars Eltern saßen stumm in der ersten Reihe. In die schwarz verweinten Augen der Trauergemeinde zu blicken tat richtig weh; mir war elend zumute.

Kaspars Urne zum Grab zu tragen, dafür hatten wir vorher seinen Bruder Janosch angefragt, vorsichtig, denn die Büchse allein wiegt zwar nur um die zwei Kilogramm, aber das Bedeutungsgewicht ist ungleich schwerer. „Wer sollte das machen, wenn nicht ich?", lautete seine Zusage. Über das, was Janosch dann tat, schrieb ich später einen kleinen Text:

„Zwei Brüder / / Er trug immer eine Schirmmütze / auf dem Kopf / sie gehörte einfach zu ihm / und niemand war überrascht, als er sie trug / bei der Beerdigung seines Bruders. / / Und als er dann in der Kapelle vortrat, / um die Urne in die Hand zu nehmen, / hielt er einen Moment inne, / nahm die Mütze vom Kopf / und pfefferte sie in eine Ecke. / / Dem Bruder, der freiwillig / aus diesem Leben geschieden war – / wahrscheinlich / es ließ sich nicht zweifelsfrei klären – / hätte keine größere Ehre / zuteilwerden können."

Noch heute treibt mir diese Szene Tränen in die Augen. Am Grab sprachen wir dann ein Vaterunser. Jakob war damit nicht nur einverstanden gewesen, er fand es selbstverständlich. Statt Blumen warfen wir Haribo ins Loch. Und wie wir an diesem kühlen, bitteren Tag dastanden und uns beim Beten an den Händen hielten, da waren wir „Protestleute gegen den Tod" (der schöne Begriff stammt vom Theologen Christoph Blumhardt, einem religiösen Sozialisten zu Beginn des 20. Jahrhunderts). Wir begehrten auf gegen die Absurdität des Lebens.

Kaspar ist nicht vergessen. Das, was an ihm sterblich war, wurde im Grab meiner Eltern – seiner Großeltern – begraben.

Sechs Jahre später ruft meine älteste Schwester an und spricht mir aufs Band. Es ist etwas passiert. Ich rufe zurück und frage nur: „Wer?" ... Janosch ... Ungeklärte Todesursache, aber vieles spricht für den Suizid.

Denn die Menschen und Tiere erwartet das gleiche Schicksal – sie müssen alle sterben. Beide atmen dieselbe Luft. Die Menschen haben den Tieren nichts voraus; denn alles ist vergänglich. Beide enden an demselben Ort – beide werden zu Staub, aus dem sie auch hervorgegangen sind und zu dem sie wieder zurückkehren. Wer weiß schon, ob der Geist des Menschen wirklich hinauf in den Himmel steigt? Und ob der Geist der Tiere hinunter in die Tiefen der Erde fährt? (Prediger 3,19–21)

Alles, was lebt, stirbt auch, das weiß buchstäblich jedes Kind. Menschen und Tiere, auch Pflanzen entstehen und vergehen. Das ist der Lauf der Dinge, das nennt man Natur. Der Prediger mutet uns diese Banalität schonungslos zu: Was lebt, muss sterben. Wir sind als Menschen nicht besser dran als die anderen Kreaturen. Wir werden nicht bevorzugt.

Die Fähigkeit, Hand an sich selbst zu legen, ist keine Frage der Moral. Es ist die Anklage gegen eine unvollkommene Schöpfung. In einer Welt ohne Gott könnte man (mit einer gewissen Überheblichkeit) sagen: Eine sinnlose Existenz verkürzt eben auf eigene Faust ihr Dasein. Aber im Angesicht Gottes zu leben und dem Suizid als Tatsache ausgeliefert zu sein, das stürzt einen in eine Krise. Menschen können in Krankheit, Angst, Wahn, Verzweiflung oder auch aus festem Entschluss aufgrund rationaler Abwägung dazu kommen, den Freitod zu wählen (den wir nicht mehr Selbstmord nennen sollten). Ist jedoch mit der „Freiheit der Kinder Gottes" alles erklärt?

Der Tod von Kaspar und Janosch hat mich tief zweifeln lassen. Nicht an Gott. Gott ist – trotz allem. Aber an dem lieblichen Bild von Gott, das ich im Herzen trage. Gott meint es gut mit mir und allen … Ist das so? Oder sind diese Worte nur „heiliges Rauschen", wie sie die Theologin Anne Gidion nennt. Interessiert sich Gott wirklich? Oder kann bedauerlicherweise auf Einzelschicksale keine Rücksicht genommen werden?

Wer weiß schon, ob der Geist des Menschen wirklich hinauf in den Himmel steigt? Kohelet ist zu danken für seine Aufrichtigkeit. Wir wissen es nicht. Wir können glauben. Wir müssen nicht. Wir dürfen zweifeln.

Nach Janoschs Beerdigung, über der eine geradezu surreale Atmosphäre liegt, frage ich meinen Bruder: „Sag, du musst doch verrückt werden. Erst der eine Sohn, dann der andere ... Es ist so absurd." Jakob sieht mich ernst an, ein Blick lähmender Resignation. „Ich weiß doch, das Leben macht, was es will." Er war 11 Jahre alt, als unser Vater starb.

Wir Lebenden atmen dieselbe Luft. Gut, wenn wir uns gegenseitig helfen, im Wahnsinn unserer Tage in Raum und Zeit zu bestehen: Den Tod vor Augen das Leben zu schmecken. Und ich will an Gott festhalten. „Und siehe, alles war sehr gut" heißt es am Ende des Schöpfungsmythos, doch seither ist viel passiert. Die Hoffnung, dass alles gut wird, wie es der christliche Glaube verheißt, wage ich nicht aufzugeben. Aber manchmal fällt sie mir unglaublich schwer.

Einigermaßen Anstand

Ruth hat im selben Verlag wie ich ein paar Bücher veröffentlicht. Über eine Unregelmäßigkeit tauschen wir uns per E-Mail aus: Zum Jahresende wird abgerechnet, im März kommt dann das Honorar für das Vorjahr. Aber diesmal kam es nicht, bis Juli nicht! Beide haben wir unabhängig voneinander mit dem Verlagsleiter telefoniert. Er windet sich, klagt über gravierende Umsatzeinbrüche, Veränderungen am Markt ... und versucht, die Insolvenz abzuwenden. Warum schreibt er nicht offen an alle Autorinnen und Autoren seines Hauses? So verspricht er immer wieder etwas („bis Ende des Monats kommt das Geld"), aber es geschieht nichts.

So erkannte ich, dass es nichts Besseres für den Menschen gibt, als sich an den Früchten seiner Arbeit zu freuen. Dazu sind sie auf der Welt! Denn wer könnte ihm sagen, was nach seiner Zeit geschehen wird? (Prediger 3,22)

Für Ruth und mich ist es ärgerlich, um unser Honorar geprellt zu werden. Unsere Arbeit brachte keine Früchte, an denen wir uns hätten erfreuen können. Aber dieser Verlust ist für uns verschmerzbar, da er nicht die Haupteinnahmequelle darstellt. Wie aber ergeht es Menschen, die durch die Pleite ihres Arbeitgebers in existentielle Nöte geraten? Oder jenen, die im Billiglohnsektor hart arbeiten und dennoch mickrig bezahlt werden? Und so viele weltweit finden überhaupt keinen Job, der sie ernähren könnte; sie bleiben von staatlichen Sozialleistungen abhängig, sofern es solche in ihrem Land überhaupt gibt. Das gilt auch für kranke und Menschen mit Handicap, die den

Erwartungen des Arbeitsmarktes nicht gerecht werden können. Einen Beruf ausüben, damit Geld verdienen, mit dem Gehalt ein angenehmes Leben finanzieren – das wäre gut, aber so ist es eben nicht immer.

„Dazu sind sie auf der Welt!", heißt es in unserer Übersetzung; gemeint ist damit: „Das ist des Menschen Los. So ist es, ob du willst oder nicht."

Der Behauptung, sich an den Früchten der Arbeit zu erfreuen sei unsere Bestimmung, spendet die Werbung Beifall. Sie macht daraus den Appell, immer wieder neue Produkte zu kaufen. Diese würden uns glücklich machen: der ultimative Grill, das nie da gewesene Bier, der beste Wagen aller Zeiten. Um die Sachen bezahlen zu können, braucht es allerdings: Geld. Das muss verdient werden.

Widerspruch signalisiert die traditionelle Lehre vom christlichen Leben. Der Katechismus meiner Kindheit beantwortete die Frage, wozu wir überhaupt da seien, ganz anders: „Wir sind auf Erden, um Gott zu erkennen und zu lieben, nach seinem Willen das Gute zu tun und einst in den Himmel zu kommen." – Kohelet ist uns näher, er nimmt unsere Wohlstandswünsche ernst. Arbeit und Geld sind wichtig, aber eben nicht alles. Das weiß er auch selbst, sorgt sich jedoch, „was nach seiner Zeit geschehen wird". Daraus spricht die Furcht vor dem Nichts, die alles Davorliegende relativiert. Aber kann diese Angst durch Konsumieren verdrängt werden?

Im Austausch mit Ruth wird mir klar: Das entgangene Honorar ist zwar ärgerlich, doch mehr noch steht es symbolisch für die Unwägbarkeiten unseres Daseins. Worauf ist noch Verlass? Ruth schließt kämpferisch – und dieser Satz hätte Kohelet wohl auch zugesagt: „Wir werden doch dieses verdammte Leben mit einigermaßen Anstand meistern."

Geboren sein hat einen Preis

Malik ist fünf. Er spricht nicht. Er schläft wenig. Er nimmt alles in den Mund, einen Stein, einen Plastiklöffel vom Boden, einen Pappbecher am Wegesrand. Mal hüpft er selbstversunken umher, dann plötzlich schlägt er seinen Kopf gegen die Wand, das Bettgestell oder einen Laternenpfahl, manchmal bis er blutet. Sein Autismus macht es ihm fast unmöglich, Kontakt aufzunehmen. Gefühle kann er nicht angemessen ausdrücken.

Malik hat eine ältere und eine jüngere Schwester, und er hat Vater und Mutter. Die Familie ist nach einer langen gefährlichen Reise aus dem Irak erst vor einigen Tagen in Bonn angekommen. Die Großen und die Kleinen tun sich schwer in der Aufnahmeeinrichtung – mit der neuen Umgebung, der anderen Sprache, dem ungewohnten Essen, den strengen Regeln, auch mit dem Verlust der Heimat, des Wohlstands, der sozialen Stellung und mit dem Trauma der Flucht. Doch im Mittelpunkt steht Malik. Jeder hat immerzu ein Auge auf den Jungen, dass er sich nicht unvermittelt selbst verletzt. Die Eltern sind mit ihren Kräften am Ende.

Meine Tochter, die Ergotherapeutin im Ankunftszentrum ist, erzählt mir von diesem Kind, auch von anderen Geflüchteten, von denen ich einzelne persönlich kennenlernen konnte. Der wuchtige Begriff „Flüchtlingskrise" mag sinnvoll sein, um das Große und Ganze des Problems zu benennen, aber dahinter verbergen sich konkrete Einzelschicksale. Gestrandete Menschen, dem Tod entronnen, nicht aber der Schwierigkeit, ihren Platz im Leben zu finden.

Wieder betrachtete ich das Unrecht, das auf der Welt herrscht. Ich sah die Tränen der Unterdrückten, denen niemand beistand. Sie waren der Gewalt der Unterdrücker ausgeliefert, und niemand war da, der ihnen Mut machte. Da haben es die Toten, die vor langer Zeit gestorben sind, viel besser als die Menschen, die noch am Leben sind. Und am besten sind die dran, die gar nicht erst geboren wurden. Sie mussten das Böse, das auf der Welt geschieht, auch nicht mit ansehen. (Prediger 4,1–3)

Wer durch die Nachrichten Anteil nimmt am Geschehen der Welt, hört alltäglich von Gewalt und Krieg, Terror und Unterdrückung, Missbrauch und Unrecht, Hunger und Armut, von Krankheit und Behinderung, der zerstörten Umwelt ... die Litanei des Leidens nimmt kein Ende. Da drängt sich der Gedanke Kohelets durchaus auf: Das ist doch kein Leben – dann besser gar nicht erst geboren sein! Allerdings kann so nur denken, wer bereits geboren ist.

Nicht jeder hat das Glück, nicht geboren worden zu sein, stellten die schwäbischen Kabarettisten Häberle und Pfleiderer einst fest. Der rumänische Philosoph Emile Cioran gab einem seiner Bücher den Titel: „Vom Nachteil, geboren zu sein". Wer geboren ist, muss nicht nur sterben, er muss vorher auch leiden. Das Maß des Leidens ist zudem höchst ungerecht verteilt.

Cioran ist dem Kohelet ein Bruder im Geiste. Die beiden Weisen beschreiben die Welt schonungslos. Beide halten an Gott fest: Kohelet als Glaubender, Cioran immerhin als Zweifler. „Nur Gott hat das Vorrecht, uns zu verlassen. Die Menschen können uns bloß im Stich lassen", notiert Cioran in seinen Aphorismen und Tagebucheintragungen. An anderer Stelle vermerkt er: „Ich werde nicht müde, über die Einsiedler zu lesen, vorzugsweise über jene, von denen man gesagt hat, dass ‚sie es müde waren, Gott zu suchen'. Ich bin geblendet von diesen Gescheiterten der Wüste."

Es gibt Leidende, die in den Kampf ziehen. Solche, die konkrete Verursacher des Leidens benennen können (oder hoffen sie ausfindig zu machen). Sie unterziehen sich beispielsweise den Strapazen langwieriger Gerichtsprozesse, um Gerechtigkeit zu erlangen. Andere, wie meine Frau, die seit vielen Jahren an Multipler Sklerose leidet und daher ein ziemlich eingeschränktes Leben führen muss, haben niemanden, den sie verantwortlich machen können. Sie hadern mit dem Schicksal oder zürnen Gott.

Ist Gott als Schöpfer nicht für alles, was auf der Erde geschieht, zuständig? Auch für das Versagen von verschiedenen Behörden, das zum Tod von jungen Menschen auf einem Musikfestival führt? Auch für den Suizid des Piloten, der nicht nur sich selbst, sondern hundertfünfzig Menschen umbringt? Auch für Karzinome, die Menschen Schmerzen bereiten und ihre Lebenserwartung verkürzen? Gottes Werk als unvollkommen zu bezeichnen wäre demnach noch eine höfliche Ausdrucksweise. Oder hat er sein Opus dem Menschen zur freien Verfügung überlassen und sich alsbald dezent zurückgezogen?

Der Philosoph Gottfried Wilhelm Leibniz meinte Gott verteidigen zu müssen, und hat in seiner „Theodizee" – der Rechtfertigung Gottes – behauptet, wir lebten in der besten aller möglichen Welten. Also, meine Phantasie reicht aus, um mir eine noch bessere Welt vorstellen zu können!

Wer nicht geboren ist, dem bleibt viel erspart, aber er ist nicht einmal ein Niemand. Wer hingegen geboren wurde, zahlt dafür einen hohen Preis. Dafür eröffnet sich ihm das

Wunder des Lebens. Doch ist es das wert, so sinnlos, wie es Kohelet beschreibt? Man beachte, Kohelet macht Gott keine Vorwürfe. Er stellt fest. Zu dieser Gelassenheit bin ich noch unterwegs. Die Welt nüchtern betrachten, der Sinnlosigkeit nicht ausweichen und in Gottes Gegenwart existieren, das arbeitet in mir.

Vor einigen Jahren konnte ich mit Pater Benedikt Lindemann, dem damaligen Abt der Dormitio-Benediktinerabtei in Jerusalem, für ein Buchprojekt fünf Interviews führen. Die letzte meiner vielen Fragen nannte ich dramatisierend die „Mutter aller Fragen", jene nach dem Sinn des Lebens. Der Gottesmann antwortete: „Ganz naiv: Ich kann den Sinn des Lebens nur durch den Glauben erkennen. Wenn es Gott nicht gäbe – dann wäre doch alles ‚puff und weg!' – Die Haltung kann man mir als Schwäche auslegen, aber es ist mir auch egal. Ich spüre nur: Ich bin glücklich mit dem Glauben an den Gott, der möchte, dass ich glücklich werde." (Das ‚puff und weg!', von mir getreu nach dem gesprochenen Wort verschriftlicht, wollte der Pater in der Manuskriptkorrektur löschen, es war ihm unangenehm; ich konnte ihn überzeugen, diese Offenheit sei für die Leser von Gewinn.)

Ich bin ein Geborener. Ich muss das Böse auf der Welt ansehen. Doch ich werde auch angesehen. Von Gott.

Herr M. bittet um die Taufe

Herr M. bittet mich um die Taufe. Wir leben in einem freien Land. Da können alle ihre Religion frei wählen. Im Prinzip: ja. Herr M. allerdings stammt aus einem arabischen Land und gilt offiziell als Muslim. Innerlich folgt er jedoch bereits seit Jahren Jesus Christus. Als seine Eltern und Geschwister davon Wind bekommen, verhindern sie die Taufe in der Heimat und schließen ihn aus der wohlhabenden Familie aus. Er wird enterbt und kommt als Flüchtling nach Deutschland. Hier lebt er in einfachen Verhältnissen. Nun baut er sich Stück um Stück eine neue Existenz auf. Er hat zwar keine Verwandten, aber Freunde. Die sind Muslime, und einige von ihnen signalisieren ihm deutlich, dass sie seine Hinwendung zum Christentum nicht akzeptieren werden. Das macht ihm Angst. Deswegen soll die Taufe geheim bleiben.

Dann habe ich festgestellt, dass alle Mühe und jeder Erfolg nur eine Folge des Neides des einen auf den anderen ist. Auch das ist sinnlos und gleicht dem Versuch, den Wind einzufangen. Zwar sagt man: „Der dumme Mensch legt seine Hände in den Schoß und verhungert." Ich meine allerdings, dass man besser dran ist, wenn man wenig hat, dieses aber in Ruhe genießen kann, als wenn man viel besitzt und sich sein Leben lang abmüht. Das ist wie der Versuch, den Wind einzufangen. (Prediger 4,4–6)

Wenn es darum geht, seinesgleichen das Leben schwer zu machen, sind wir Menschen erfinderisch. Aus Neid, Missgunst, religiöser Mission, politischem Wahn oder anderen dunklen Motivationen heraus bewerten und verurteilen wir andere. Dabei sagt das meistens weniger über sie und mehr über uns selbst aus. Wer keinem anderen schadet, darf doch einfach nach seiner Façon selig werden. Gönnen zu können ist eine Kunst.

Mit schrägen Blicken und abfälligen Bemerkungen muss man umgehen können, doch bei Herrn M. wiegt die Sache schwerer. Er fürchtet sich, manche könnten ihm ernsthaft schaden wollen, allein, weil sie seinen Weg des Glaubens nicht gutheißen. Er aber richtet sich nach der altägyptischen Weisheit „Folge deinem Herzen, solange du lebst". Das wusste man schon vor drei Jahrtausenden: Wer der inneren Stimme nicht folgt, wird nicht glücklich. Diese Erkenntnis begleitet die Menschheit bis heute und taucht in Variationen immer wieder auf. Die italienische Schriftstellerin Susanna Tamaro brachte sie in den schönen Satz: „Geh, wohin dein Herz dich trägt." Herr M. ließ sich nicht vom Geld seiner Herkunftsfamilie festhalten, und er ist sogar eher bereit, seine sozialen Kontakte aufzugeben, als auf den Kontakt zu Christus zu verzichten.

Herr M. hat sich diese Konsequenz nicht gewünscht, nimmt sie aber in Kauf. Die meisten von uns sind gottlob nicht vor solch gravierende Entscheidungen gestellt. Doch wir alle kennen die Frage, was wir bereit sind für unsere Zufriedenheit zu investieren. Und als Kinder des Kapitalismus scheint uns die Logik selbstverständlich, mehr bedeute mehr. Mehr Geld, mehr Glück. Die Frage könnte indes auch lauten: Worauf sind wir bereit zu verzichten um unserer Zufriedenheit willen? Kohelet weiß, was eigentlich jeder weiß: „Ich meine allerdings, dass man besser dran ist, wenn man wenig hat, dieses aber in Ruhe genießen kann, als wenn man viel besitzt und sich sein Leben lang abmüht."

Der amerikanische Philosoph Henri David Thoreau formuliert es so: „In meinem Leben habe ich nichts so Verarmendes gefunden wie das, was man Wohlstand nennt, dass einer über größere Mittel verfügt, als er früher besessen hat, so gering und so unansehnlich sie auch immer sein mögen; denn dadurch legte er sich unausweichlich einen aufwendigeren Lebensstil zu. Sogar dieselben Bedarfs- und Luxusartikel kosten mehr als früher. Anstatt zu gewinnen, hat er etwas von seiner Unabhängigkeit verloren, und wenn sein Einkommen plötzlich sinken sollte, findet er sich arm, auch wenn er im Besitz der gleichen Mittel ist, die ihn einmal reich gemacht haben. [...] Wenn du einem Menschen das Gefühl der Armut geben willst, gib ihm tausend Dollar. Die nächsten hundert Dollar, die er bekommt, werden nicht mehr sein als die zehn, die er früher bekam."

Thoreau bezieht sich aufs Geld. Das Gleiche gilt aber ebenso für andere Faktoren, die Glück verheißen: Frage einmal Chefs, ob sie mit dem Zuwachs an Macht einen Zuwachs an Glück verspürt haben. Meistens sind sie einsamer geworden.

Herr M. bittet um die Taufe. Er weiß: Manches kann man sich nicht selbst geben, das kann man nicht kaufen. Manches bekommt man geschenkt. Ein wenig Wasser, eine Spendeformel. Und damit ein Gefühl der Zugehörigkeit, die sich nicht in Worte fassen lässt.

„Der dumme Mensch legt seine Hände in den Schoß und verhungert." Vielleicht ließe sich im Umkehrschluss sagen: Der kluge Mensch legt sein Leben in Gottes Hände und – lebt auf.

Zwei haben es besser als einer allein

Diesem Kloster war ich als Laie sehr verbunden als jemand, der versprochen hat, im Sinne des Ordensgründers Benedikt zu leben. In meinem Status durfte ich gemeinsam mit den Mönchen beten und essen.

Dann passierten verschiedene Dinge, zwar unabhängig voneinander, aber sie hatten eben doch etwas miteinander zu tun: Das Kloster bekam einen neuen Abt, und ich wurde evangelisch. Beim nächsten Besuch bestellte mich der Abt nach dem Frühstück ein. Meinen Konfessionswechsel verurteilte er scharf. Das dürfe man nie, nie, nie tun – die Kirche verlassen, die Mutter! Meine Beteuerung, ich fühle mich nicht weniger katholisch als zuvor, erreichte ihn nicht. Er wolle nachdenken, was zu tun sei. Ich bat ihn um Barmherzigkeit: Mein Wunsch, ein gottgefälliges Leben im Sinne der benediktinischen Tradition zu führen, bleibe unberührt.

Nach der Komplet am gleichen Tag wurde mir von einem Pater mitgeteilt: „Vater Abt bittet darum, dass du morgen nicht mehr mit den Mönchen frühstückst." Verwirrt irrte ich durch die Stadt und rief schließlich meinen besten Freund an. „Diese Hurensöhne", schimpfte er, „solche Arschlöcher!" (Und weitere Kraftausdrücke, die zu wiederholen sich hier verbietet.) Er gab meiner Frustration Worte und sprach aus, was ich nicht zu denken wagte.

Ich gestehe, ich bin meinem Freund so dankbar. Er solidarisierte sich mit mir zu hundert Prozent, auch wenn er selbst für Glauben und Religion nichts übrighat. Doch er besitzt ein Herz, und das ist auf meiner Seite. Vom Kloster war mir die Zuwendung entzogen worden, aber auf meinen Freund konnte ich zählen, und das bis heute.

Ich sah noch ein weiteres Beispiel der Sinnlosigkeit auf der Welt: Ein Mann, der alleine lebt und weder Kind noch Bruder hat und auch keine Freunde oder Bekannte. Er arbeitet, soviel er kann, und will immer noch mehr haben. Müsste er sich denn nicht fragen: „Für wen arbeite ich eigentlich? Warum gönne ich mir kein Vergnügen?" Auch das ist sinnlos und eine Vergeudung von Zeit. Zwei haben es besser als einer allein: Zusammen erhalten sie mehr Lohn für ihre Mühe. Wenn sie hinfallen, kann einer dem anderen aufhelfen. Doch wie schlecht ist der dran, der allein ist und fällt, und keiner ist da, der ihm beim Aufstehen hilft! Es können sich zwei, die in einer kalten Nacht unter einer Decke liegen, aneinander wärmen. Doch wie kann einer, der alleine liegt, warm werden? Ein Einzelner kann leicht von hinten angegriffen und niedergeschlagen werden; zwei, die zusammenhalten, wehren den Überfall ab. Und: Ein dreifaches Seil kann man kaum zerreißen. (Prediger 4,7–12)

Auf wen genau der Prediger seine Worte bezieht, ist nicht klar, sie gelten auf jeden Fall für die Freundschaft. Ohne Ehe kann man überleben, ohne eine Freundin oder einen Freund nicht. Wir brauchen Menschen, denen wir vertrauen können. Die mitleiden und sich mitfreuen. Die uns raten – und wir nehmen den Rat auch an, weil wir wissen, sie meinen es wirklich gut. Freunde sind ehrlich zu uns, auch wenn es einmal nicht angenehm ist.

Der libanesische Dichter Khalil Gibran preist enthusiastisch die Freundschaft:

Euer Freund ist die Antwort auf eure Nöte.
Er ist das Feld, das ihr mit Liebe besät
und mit Dankbarkeit erntet.
Und er ist euer Tisch und euer Herd.
Denn ihr kommt zu ihm mit eurem Hunger,

und ihr sucht euren Frieden bei ihm.
Wenn euer Freund frei heraus spricht,
fürchtet ihr weder das „Nein" in euren Gedanken
noch haltet ihr mit dem „Ja" zurück.
Und wenn er schweigt,
hört euer Herz nicht auf,
dem seinen zu lauschen;
Denn in der Freundschaft werden
alle Gedanken, alle Wünsche, alle Erwartungen
ohne Worte geboren und geteilt,
mit Freude, die keinen Beifall braucht. (…)
Und die Freundschaft soll keinen anderen Zweck haben,
als den Geist zu vertiefen.
Und lasst euer Bestes für euren Freund sein.
Wenn er die Ebbe eurer Gezeiten kennen muss,
lasst ihn auch das Hochwasser kennen. (…)
Und in der Süße der Freundschaft lasst Lachen sein
und geteilte Freude.
Denn im Tau kleiner Dinge
findet das Herz seinen Morgen und wird erfrischt.

Kohelet ist weniger poetisch: „Wenn sie hinfallen, kann einer dem anderen aufhelfen", sagt er schlicht, aber schön, und das gilt auch im übertragenen Sinn. Mich hat an jenem Abend die Solidarität meines Freundes davor bewahrt, an den Brüdern irrezuwerden.

Kohelet würde gefallen, was Friedrich Schiller dichtete und Ludwig van Beethoven vertonte: „Wem der große Wurf gelungen, / Eines Freundes Freund zu sein, / Wer ein holdes Weib errungen, / Mische seinen Jubel ein!" Nun sind Freundschaften und Partnerschaften nicht immer nur zum Jubeln, sie fordern uns auch. Manchen gelingt es gar nicht, sich auf einen anderen Menschen einzulassen, weil sie in ihrem überbordenden Individualismus unfähig sind, Kompromisse zu schließen. Ohne die wird das nichts. Bei anderen kommt es einfach nicht zur richtigen Verbindung, das ist so schade. Eine alte Dame bekannte mir gegenüber: „Ich habe immer unglücklich geliebt." Das rührt mich zu Tränen.

Gern wird ein Auszug aus diesem Kohelet-Zitat als biblische Lesung zur Trauung gewünscht; Gott kommt darin nicht vor, doch der abschließende Satz lässt eine spirituelle Deutung zu: „Ein dreifaches Seil kann man kaum zerreißen." Ein Paar, verbunden mit Gott, ergibt ein unschlagbares Team. – Zumindest braucht es bei der Hochzeit dieses Vorschussvertrauen. Das Leben ist dann noch mal komplizierter.

Übrigens (Gott hat Humor), jener Abt, der mir eindringlich erklärt hatte, das dürfe man nie, nie, nie tun – die Kirche verlassen, die Mutter … der verließ einige Zeit später das Kloster und wurde anglikanisch.

„Wenn wir bedenken, dass wir alle verrückt sind, ist das Leben erklärt" (Mark Twain).

Der Herr, vom Thron gestoßen

„Verachte keine Quelle", also keinen Text, der Erkenntnis verschaffen könnte, forderte sinngemäß Umberto Eco. Und so finde ich Inspiration, ja, so vernehme ich die Stimme Gottes nicht nur in der Heiligen Schrift, sondern auch in der Natur, in Gedichten oder in der Tageszeitung, in wissenschaftlichen Beiträgen oder Erzählungen. Bei der Lektüre des Romans „Die Asche des Tages" des irischen Autors Mártín Ó Cadhain musste ich immer wieder auflachen und wurde gleichzeitig zu ernstem Nachdenken angeregt. Sein armseliger Protagonist, der nur N. heißt, schafft es nicht, nach Hause zu gehen, obwohl doch an diesem Samstag seine Frau daheim verstorben ist. Ihre Schwestern werden schon alles regeln, vertröstet er sich selbst und findet immer neue Ausflüchte, den Heimweg zu umgehen. Dass ihm seine Brieftasche mit dem Geld für die Beerdigung geklaut wird, macht es auch nicht einfacher. Er vertraut sich in seiner Not verschiedenen Menschen an. Einer spendiert ihm einen Drink (ein Akt der Vergebung), aber sonst will ihm niemand helfen, und auch bei einem Geistlichen blitzt er ab. Das führt ihn zu düsteren Erwägungen: „Dieser Mann hatte ihm Whiskey gegeben, der Priester nur schnödes Wasser. Was die anderen wirklich sagen wollten, war, dass er zu elend und zu schuldig aussah, um von Gott Vergebung zu erwarten, und dass Gott ihm nicht einmal zuhören würde. Der Mann, der ihm vergeben hatte, hatte mit keinem Wort angedeutet, dass er einer Kirche angehörte oder von Amts wegen verpflichtet war, Gott zu lieben. Christus hatte die Amtskirchen immer abgelehnt, die geistig unfruchtbaren. Christus würde niemals […] ein kirchliches Amt bekleiden."

Mit der These, dass Christus die Amtskirchen ablehnen würde, steht der bedauernswerte Held nicht allein da. Nun gibt es sie aber. Und sie wecken Erwartungen, personifiziert in ihren Amtsträgern (die allerdings nicht – welch hübsche, bitterböse Formulierung – von Amts wegen verpflichtet sind, Gott zu lieben). N. will Geld. Mit diesem Ansinnen werden Geistliche aller Konfessionen konfrontiert: „Du bist doch ein Christ, also hilf mir finanziell." Manchmal geht es um fünfzig Euro für einen Einkauf, aber einer wollte von mir auch mal tausend, um damit eine Strafe des Gerichts begleichen zu können. Der Pfarrer soll im Nachbarschaftsstreit schlichten, Rechtsberatung in Betreuungsfragen geben oder sich doch beim Ministerium über die schlimmen Zustände im Seniorenheim beschweren. „Sie sind doch ein Christ!"

Dem, nachdem sich die Christen benennen, ging es um viel mehr. Seine Vision einer anderen Art zu leben hebt mit den Seligpreisungen an: „Glücklich sind die, die erkennen, dass sie Gott brauchen, denn ihnen wird das Himmelreich geschenkt" (Matthäus 5,3). Damals begeisterte er damit viele Menschen, setzte eine Bewegung in Gang. Er stammte aus einer unbedeutenden Stadt, die im Alten Testament nicht einmal erwähnt wird. Er war auf ungewohnte Weise weise.

Ein armer, aber weiser junger Mann ist mehr wert als ein alter, dummer König, der keine Ratschläge annimmt. Ein solcher junger Mann wurde aus dem Gefängnis befreit und bestieg den Thron, obwohl er unter der Regierung des alten Königs in Armut geboren wurde. Ich sah, wie sich alle Menschen bereitwillig an die

Seite des jungen Mannes stellten, damit dieser die Herrschaft des alten Königs übernehme. Er wurde der Anführer eines riesigen Volkes. Doch die nächste Generation wuchs heran und stürzte ihn vom Thron! So ist auch das alles bedeutungslos und so unsinnig wie der Versuch, den Wind einzufangen. (Prediger 4,13–16)

Kohelet meinte wahrscheinlich den politischen Aufstieg eines Anführers und den Niedergang seiner Ideen. Zu seinen Lebzeiten saß Jesus nie auf einem Thron, sondern auf dem Boden. Wenn er später thronend dargestellt wird, drückt das die Wertschätzung seiner Anhänger aus. Denn die Anzahl jener „Menschen, die sich bereitwillig an die Seite des jungen Mannes stellen", nimmt statistisch immer weiter zu. Mit unserer eurozentrischen Perspektive nehmen wir nur das Schrumpfen der Kirche wahr, doch die Christenheit wächst in Afrika und Asien. Allein, wächst auch das, was Jesus verkündet hat?

„Was die anderen wirklich sagen wollten, war, dass er zu elend und zu schuldig aussah, um von Gott Vergebung zu erwarten, und dass Gott ihm nicht einmal zuhören würde." Dieses Anti-Evangelium, das dem irischen N. von lauter guten Christen verkündet wird, kann sich nicht auf Jesus berufen. Damit wird Christus vom Thron gestoßen. Ein Christentum mit solch einem Gott wäre – um mit Kohelet zu sprechen – „bedeutungslos und so unsinnig wie der Versuch, den Wind einzufangen".

Bleiben oder gehen?

Als jemand, der in der Institution Kirche zuhause ist, sage ich: Wir brauchen die Institution Kirche. Es ist gut, dass wir als Christen etwas haben, das größer und dauerhafter ist als wir selbst. Aber viele, die ebenso zur Kirche gehören wie ich (wenn auch nicht beruflich darin wirkend), fragen sich aufrichtig, wofür sie eigentlich dazugehören sollen. Diese Nützlichkeitserwägung mag theologisch fragwürdig sein, ist aber real, und solche Überlegungen auszublenden wäre naiv.

Simon ruft an. Ich durfte ihn und seine Frau kirchlich trauen, ebenso ihr erstes Kind taufen. Nun fragt er unvermittelt: „Was meinst du, kann ich aus der Kirche austreten?"

Ich lache auf. „Können kannst du bestimmt, so kompliziert ist das nicht. Zum Amtsgericht gehen und den Austritt erklären, oder wie läuft das in deinem Bundesland? Aber sag mir, wie kommst du auf diesen Gedanken?"

„Ich weiß auch nicht. Das sagt mir alles nichts mehr. Es fühlt sich so fremd an."

Fremdheit ist das Stichwort. Die Kirche beschäftigt sich mit Themen, die Simon und seine jetzige Lebenssituation nicht zu berühren scheinen. Als junger Familienvater und Mitinhaber einer Firma beschäftigen ihn ganz andere als Struktur- und Machtfragen. Nur solche nimmt er wahr.

„Weißt du, mit meinem Glauben hat das nichts zu tun."

Na klar, das ist etwas kurz gedacht, denn Glaube braucht Gemeinschaft, davon bin ich überzeugt. Ohne Austausch steht der individualistische Glaube in Gefahr, egoistisch zu werden. Und doch weiß ich genau, was Simon meint: Seine Beziehung zu Gott ist unabhängig von der Kirche.

Ich gebe die sozialen Auswirkungen zu bedenken: „Deine Herkunftsfamilie wird sich nicht leicht tun damit, das solltest du im Blick haben." (Simons Eltern sind sehr aktiv „bei Kirchens".) Das läge ihm auch auf der Seele, gesteht er. Ich ermutige ihn, seinen eigenen Weg zu gehen: „Simon, du bist frei: Du kannst austreten. Du kannst später auch wieder eintreten." Im Gespräch wird dann klar, allein die Option, austreten zu können, tut wohl, schafft Wahlmöglichkeit zwischen den Alternativen bleiben oder gehen.

Er möge nicht gehen, sondern bleiben, wünsche ich mir still. Das wird auch Simon wissen. Er wendet sich an mich, weil er vertraut, mir geht es wirklich um ihn und nicht an erster Stelle um die Institution.

Ich bin kein Freund einer Kirchen-Hetze, wenngleich es genügend Anlass gibt, die organisierte Religion zu kritisieren. Meistens geschieht es zu undifferenziert: „Die" Kirche in Geschichte und Gegenwart ist nun wirklich ein zu weites Feld. Die Kirche möge eine Hilfe sein, damit ein Leben aus dem Glauben gelingen kann. Oft aber hat die Kirche das Dasein nicht erleichtert, sondern erschwert. Jochen Jülicher, ein ehemaliger Priester, schreibt in seinem Buch „Der liebe Gott ist auch schon ausgetreten": „Seit ich aus der Kirche ausgetreten bin, kann ich wieder glauben." Solche Sätze schmerzen. Sie sollten jenen, die an der Institution hängen – wie ich –, zu denken geben. Schon Kohelet kritisiert die Institution, wenn er schreibt:

Geh nicht gedankenlos zum Haus Gottes. Es ist besser, wenn du nur hineingehst, um auf Gott zu hören, als wenn die Unverständigen Schlachtopfer bringen. Denn sie bleiben weiter unwissend und merken nicht, wenn sie Böses tun. (Prediger 4,17)

Wohlgemerkt, die Schlachtopfer waren der offizielle Kult! Der Prediger gibt zu verstehen: Nur am Ritus teilzunehmen – gedankenlos – bringt nichts in Sachen Erkenntnis und moralischer Entwicklung. Der Impuls, zum Hause Gottes gehen zu wollen, soll einzig dem Willen gehorchen, auf Gott zu hören. Darf man interpretieren: Weniger ist also mehr?

Das Haus Gottes meint bei Kohelet den Tempel in Jerusalem, Gottes Wohnstatt unter den Menschen. Aber die Mystik aller Religionen weiß auch, Gott lässt sich nicht an Gebäude binden, er wohnt in den Herzen der Menschen, die an ihn glauben.

Simon glaubt an Gott, er vertraut ihm. Er spürt instinktiv, das Geheimnis des Glaubens kann die Kirche gar nicht fassen. Ohne Kirche fehlt ihm nichts. Oder doch? Das muss er selbst erfahren.

Gegen Ende des Telefonats erzählt er noch, das zweite Kind sei unterwegs. Mir rutscht die Frage raus: „Wird es denn getauft?" Davon sei auszugehen. Wir sehen uns also wieder. Die Welt des Glaubens ist voller Ungereimtheiten. Gott hat damit weniger Probleme als wir.

Weniger ist mehr

„Weiß ich, ob Gott überhaupt existiert? Wo ist denn mein König und Gott?" Diese existentiellen Fragen sind in einem Gebet der Hildegard von Bingen zu lesen. Wie beruhigend, auch Heiligen ist der Zweifel nicht fremd. Wer glaubt, kennt die Bedrohung des Glaubens. Glauben ist nicht Wissen. Die Religion tut gut daran, den Zweifel als eine Äußerung des Glaubens zu integrieren. Denn zu zweifeln bedeutet ja nicht, den Glauben aufgegeben zu haben.

Um den christlichen Glauben zusammenzufassen, entstanden schon im 2. Jahrhundert Glaubensbekenntnisse. Jenes, das sich durchgesetzt hat, nennen wir das „Apostolische". Die Apostel haben es zwar nicht formuliert, aber es reicht in die frühe Kirche zurück. Die Gemeinden besaßen damit ein knappes Kompendium dessen, was alle als Grundüberzeugung zu teilen hatten. Soziologisch gesehen ein kluger Schachzug. Gewiss, die einzelnen Formulierungen wurden immer in allen möglichen Variationen interpretiert, doch der Text einte über viele Jahrhunderte hinweg die Christen des Westens. Die meisten Katholiken und Protestanten sprechen ihn bis heute jeden Sonntag im Gottesdienst.

Ein Bollwerk des Glaubens, könnte man meinen. Es braucht das Credo („Ich glaube"), wie man das Bekenntnis auch kurz nennt, um die ungleichartigen Vorstellungen der Gläubigen zusammenzuhalten. Alle sammeln sich unter diesen festgelegten Wörtern.

Ich selbst habe bei mancher Zeile Bedenken, unterwerfe mich aber der Tradition. Ich bin überzeugt, die tief inhalierten Sätze sind ein Schatz, den ich seit meiner Kindheit in mir trage; möge er mir bis zum Sterbebett erhalten bleiben. Doch ich musste in der Seelsorge feststellen, dass dieses Bekenntnis einigen den Glauben nicht erleichtert, sondern erschwert. Manche kommen mit den Definitionen des Apostolikums nicht zurecht.

Lass dir keine unüberlegten Worte entschlüpfen, rede nicht unbedacht im Überschwang deiner Gefühle, wenn du zu Gott betest; denn Gott ist im Himmel und du bist hier auf der Erde. Deshalb geh sparsam mit deinen Worten um! Man sagt doch: „Wer zu viel arbeitet, kann nicht mehr ruhig schlafen, und wer zu viel plappert, gibt oft unsinniges Gerede von sich." (Prediger 5,1–2)

Die Quäker verzichten ganz auf ein festgelegtes Bekenntnis, auch manche reformierte Gemeinde. Wenn es um den Kern ihres Vertrauens geht, wollen sie nichts sagen, hinter dem sie nicht stehen können.

Im Gottesdienst meiner Gemeinde sprachen wir im Wechsel einen Sonntag das Apostolische Glaubensbekenntnis, am nächsten ein Glaubenszeugnis, das in zeitgenössischer Sprache den Glauben in Worte fasst. Von diesen modernen Alternativen stehen Dutzende zur Verfügung.

Das kam zunächst gut an, dann erhob ein Gemeindeglied Widerspruch: Angemessen sei nur das Apostolische Bekenntnis. Ich nahm das Anliegen ernst und lud zu einem Gesprächsabend ins Gemeindezentrum ein. Außerdem rief ich auf, mir vorher zum Thema persönlich zu schreiben. Sieben Rückmeldungen gingen ein – natürlich viel zu wenig, um belastbare Ergebnisse liefern zu können. Trotzdem war auffällig: Je älter, desto toleranter!

Beim Gesprächsabend bekannten mehrere Personen über 80 geradezu rührend, wie fremd ihnen das Credo sei. Ein Senior sagte: „Ich lüge seit siebzig Jahren, wenn ich diesen Text spreche!" – Das Wort lügen ist selbstverständlich zu groß geraten, aber der Mann machte deutlich, wie garstig der Graben zwischen den Worten und seinem Glauben ist.

Das Gemeindeglied, das die Diskussion ins Rollen gebracht hatte, focht das nicht an. Es beharrte auf der Notwendigkeit des Apostolikums und hätte am liebsten darüber abstimmen lassen. Als ich feststellte, es obliege mir als Pfarrer, welcher Text im Gottesdienst gesprochen wird, kam es zum Eklat. Unmerklich waren die theologischen Probleme der Machtfrage gewichen! Hier hat das Credo uns nicht vereint, sondern getrennt.

Mit meinem Supervisor entwickelte ich einen Lösungsansatz. Jeweils für ein Vierteljahr ersetzt ab und zu ein Glaubenszeugnis unserer Zeit das apostolische Bekenntnis; der Text wird vorab im Gemeindemagazin veröffentlicht, man kann sich also vorbereiten.

Dass dem Gläubigen im Überschwang der Gefühle unüberlegte Worte entschlüpfen, wie Kohelet sich ausdrückt, ist verständlich. Wir benutzen für Gott Anreden, die uns seltsam vorkommen. Wir versprechen mehr, als wir halten können. Wir ergehen uns in frommen Worten, weil das Schweigen vor Gott nicht leicht auszuhalten ist.

Weniger ist mehr.

Noch wichtiger als ein Versprechen

Als ich Hannelore kennenlernte, war ihr Mann Horst schon einige Jahre tot. Sie erzählte immer voller Wertschätzung von ihrem Gemahl, mit dem sie jahrzehntelang verheiratet gewesen war: einem intelligenten und freundlichen Menschen, erfolgreich in seiner Arbeit, musisch begabt, dazu ein guter Handwerker, der bereitwillig den Nachbarn half. Und früher einmal habe er so gut ausgesehen! Ich durfte in Fotoalben die Reisen der beiden im Wohnmobil bestaunen. Wie glücklich war Hannelore, sich den feschen Horst geangelt zu haben.

Nach einigen Jahren unserer Bekanntschaft erhielt ich von Hannelore ein paar Blätter mit Aufzeichnungen ihres Lebens. „Für meine Beerdigung", erklärte sie. Ich las diese Miniaturausgabe einer Autobiographie mit Neugier. Das meiste kannte ich schon, ein paar bunte Details waren mir neu. Alles in allem – und das möge völlig wertneutral verstanden werden – ein „normales" Leben. Aus einfachen Verhältnissen kommend, hatte man einen gewissen Wohlstand erreicht und so seine Stellung in der Sozialstruktur des Ortes gefestigt. Doch gegen Ende der Aufzeichnungen stand da ein verstörender Satz in Klammern und in Fettdruck: „Die letzten Jahre unserer Ehe waren schrecklich." Dahinter die Anweisung: „Das sagst du aber bitte nicht!"

Natürlich war genau das der Aufhänger für ein Gespräch: „Ich dachte, ihr wart so ein tolles Vorzeigepaar", provozierte ich Hannelore. Es brach aus ihr heraus. Unerträglich sei es gewesen, der Mann habe kein Wort mehr mit ihr gesprochen. Nichts. Stillschweigen bei Tisch und im Bett. Notwendige Kommunikation, um den Alltag zu bewältigen, das ja. Aber kein gutes Wort. Nicht einmal morgens eine Begrüßung oder ein Hallo, wenn er nach Hause kam. Kein Austausch über das, was man so erlebt, was einen bewegt. Irgendwann konfrontiert sie ihn mit ihrer Frustration: „Das ist doch keine Ehe mehr!" Daraufhin verlässt er wortlos das Zimmer. Sie bleibt.

Wenn du Gott etwas versprochen hast, zögere nicht, dein Versprechen einzulösen; denn Gott hat keine Freude an Dummköpfen, die leichtfertig etwas versprechen. Was du versprichst, sollst du auch halten! Es ist besser, gar nichts zu sagen, als etwas zu versprechen und es nicht zu halten. Werde nicht durch ein voreilig gegebenes Versprechen schuldig. Versuche dich auch nicht herauszureden, indem du vor dem Priester erklärst, bei deinem Versprechen handle es sich um ein Missverständnis. Oder willst du den Zorn Gottes über dich bringen, sodass er alles, was du erreicht hast, zunichtemacht? Denn wer sinnlosen Fantasien nachhängt, neigt zu unnützem Gerede. Du aber sollst Gott fürchten! (Prediger 5,3–6)

Ob sie nun Christen sind oder nicht, das Eheversprechen nehmen die meisten Paare sehr ernst – zumindest bei der Hochzeit. Da ist das Ziel noch klar, für immer beieinanderzubleiben, in guten und in schlechten Zeiten, in Gesundheit und Krankheit. Doch irgendwann holt einen die Wirklichkeit ein. Die Partner verändern sich, entwickeln sich auseinander. Faktoren von außen belasten die Beziehung. Die zunehmende Dauer der Ehe führt einerseits zueinander, andererseits entfremdet sie.

Besonders für Menschen, die an Gott glauben, ist die Ehe nicht einfach nur ein Vertrag. Sie durchschimmert etwas Heiliges. Das einst in der Kirche vor Gott und der

Gemeinde gegebene Versprechen, als Frau und Mann zueinanderzuhalten, nimmt man nicht leichtfertig zurück. Doch es kann Entwicklungen in einer Ehe geben, unter denen die Frau oder der Mann oder beide leiden. Nicht nur akut, sondern chronisch. Da geht es nicht um kleine Krisen, deren Bewältigung die Beziehung letztlich stärkt. Es gibt Verwerfungen, die ein Beieinanderbleiben unmöglich machen. Wenn man sich dann nicht trennt, wird das Leben zur Qual.

Freunde erzählen mir, sie hätten das Leiden ihres Sohnes in seiner Ehe lange mitverfolgt: „Aber wir konnten ihm doch nicht zur Scheidung raten!" – Ein Paar, das ich habe trauen dürfen, war nach einem Jahr schon wieder auseinander. Die Eltern der Braut stimmte das natürlich betrübt, doch sie mussten zugeben: „Es ist besser so. Unsere Tochter war so unglücklich. Es ging einfach nicht mehr." Für Hannelore und Horst war die Auflösung der Ehe keine Option, in ihrer Lebenswelt tat man das einfach nicht. Doch Hannelore hat die letzten Jahre ihrer Ehe ziemlich gelitten; der Tod ihres Mannes war eine Erlösung.

Wenn dieser Zustand erreicht ist, in dem sich beide nicht mehr guttun, dann hilft kein Beharren: „Du hast es aber versprochen! Sogar vor Gott!" Gott wird viel versprochen: den Zölibat zu halten; nie mehr zu trinken; ein guter Mensch zu sein; alles anzunehmen, was das Leben bereithält, in der Hoffnung, das sei Gottes Wille ... Im Moment des Gelübdes sind das aufrichtige Willensbekundungen. Allein, wir sind schwach und instabil. Auf einmal wollen wir nicht mehr, was wir einmal unbedingt gewollt haben.

Versprechen muss man halten, da hat Kohelet grundsätzlich recht. Aber es gibt auch gute Gründe, warum wir ein Versprechen nicht mehr halten können. Dann soll man sich nicht herausreden, sondern Verantwortung übernehmen: „Ich kann das nicht mehr. Ich will das nicht mehr."

Die Vorstellung allerdings, solch ein Eingeständnis rufe Gottes Zorn hervor, wie der Prediger behauptet, beruht auf einer unzulässigen Vereinfachung. Selbstverständlich soll der Mensch nur wohlüberlegt ein Versprechen ablegen, und wenn er es bewusst getan hat, alles daransetzen, es einzuhalten. Es aber nicht zu schaffen ist keine Dummheit, sondern das Eingeständnis menschlicher Schwachheit.

„Du kannst das nicht? Jetzt bin ich dir böse!" – So mag ein Jugendlicher sprechen, nicht aber Gott. Über seine Art zu lieben schreibt eine Freundin von mir, die Autorin Christel Kehl-Kochanek: „Eine Liebe, so stark und so unerschütterlich, dass ich nicht ständig aufpassen muss, sie mit meinem Tun zu kränken. Eine Liebe, die es aushält, mich gehen zu lassen – meinen eigenen Weg zu suchen, Dinge zu tun oder auch zu unterlassen, die sich möglicherweise als haltlos oder schädlich erweisen. Liebe, die mir Wege öffnet, selbst auf die Gefahr hin, dass ich mich dort verlaufe und nicht mehr heimfinde. Eine Liebe also ohne Wenn und Aber – eine Liebe, die Leben in seiner ganzen Fülle in allen Schattierungen möglich macht."

Von dieser allumfassenden Liebe ahnen wir etwas, wenn wir einen Menschen lieben und geliebt werden. Aber dieses Niveau erreichen wir nie. Unsere menschliche Liebe unterliegt zahlreichen Bedingungen. Wir dürfen nicht zu schnell aufgeben, müssen aber unsere Grenzen achten. Gebrochene Versprechen sind schlimm. Gebrochene Menschen aber schlimmer.

Rückendeckung für die Unterdrücker?

In den USA begehren Menschen dagegen auf, dass Schwarze immer noch benachteiligt werden. In Indien oder der Türkei demonstrieren Frauen gegen ihren Staat, weil er sie nicht vor Gewalt schützt. Im Libanon, in Togo, Belarus oder Hongkong wollen die Menschen ihre korrupten Regierungen loswerden. In Brasilien stehen Umweltschützer auf gegen die Rodung des Regenwaldes. In Frankreich gehen wütende Leute auf die Straße, weil sich das allgemeine Sozialsystem zu ihren Ungunsten verändert. Weltweit machen Jugendliche durch ihre Fridays-for-Future-Aktionen auf den dramatischen Klimawandel aufmerksam. – Die Reihe ließe sich beliebig fortsetzen.

Wenn du siehst, dass ein Armer unterdrückt wird und dass Recht und Gerechtigkeit im ganzen Land mit Füßen getreten werden, dann reg dich nicht darüber auf. Denn über dem Mächtigen steht ein weiterer; und ein noch Mächtigerer gibt diesen beiden wiederum Rückendeckung. (Prediger 5,7)

Ist das unerträglicher Fatalismus – oder bitterer Realismus? „Man kann ja doch nichts machen", sagen die Ängstlichen, Schwachen, Resignierten. Das ist auch die Haltung solcher, die es sich leisten können, ihre Augen zu verschließen vor dem Elend, sich abzulenken und ihr schlechtes Gewissen zu betäuben (falls es sich noch regen sollte). Ebenso sprechen jene, die sogar Interesse an der Aufrechterhaltung des Status quo haben.

Der noch Mächtigere über den Mächtigen – kann man das als eine Andeutung auf Gott beziehen? Gibt er den

Machthabern dieser Welt Rückendeckung? Damit würde Kohelets Grundüberzeugung, alles sei sinnlos, absolut destruktiv.

Die Vorstellung (die sich freilich nicht auf Kohelet berufen kann!), alle Übel dieser Welt hätten Gläubige geduldig und tapfer zu ertragen, dafür würden sie ja am Ende mit dem Himmel belohnt, diese Vertröstung war immer schon falsch. Auf Moses, die Propheten und Jesus konnte man sich damit noch nie beziehen. Doch diese subtile Anweisung zum Duckmäusertum war stets ein beliebtes Instrument der Herrschenden: „Pass dich an, halt die Klappe, marschiere mit im Gleichschritt – wenn du nicht auffällst, dann wird es dir gut gehen."

„Kampf und Kontemplation" war das Motto von Frère Roger Schutz, dem Prior der ökumenischen Kommunität von Taizé. Der Kampf für eine bessere Welt ist Aufgabe der Glaubenden, denn wir sollen hier und jetzt gegen Armut, Unterdrückung, Gewalt und alles angehen, was Leben verhindert. Die Kraft dazu fließt aus der Kontemplation, der Anbindung an Gott.

Gegen die Vereinnahmung Gottes für irdische Machtstrukturen wendet sich Karl Barth auf den ersten Seiten seines berühmten Erstlingswerkes „Der Römerbrief": „Gott – der seine Schöpfung *nicht* erlöst, Gott – der der Ungerechtigkeit der Menschen den Lauf lässt, Gott – der sich *nicht* als Gott zu uns bekennt, Gott als höchste Bejahung des Da-Seins und So-Seins der Welt und der Menschen, das ist das Unerträgliche, das ist Nicht-Gott, trotz der höchsten Attribute, mit denen wir es im höchsten Affekt schmücken. Der Schrei des Empörers gegen diesen Gott kommt der Wahrheit näher als die Künste derer, die ihn rechtfertigen wollen."

Kohelet mutet mir einen unverstellten Blick auf die Logik der Macht zu. Von ihm kann ich allerdings keine Ermutigung erwarten, gegen die Finsternis anzukämpfen. Der Prediger liefert die Diagnose, Jesus die Therapie: „Tu was, und sei dein Beitrag noch so gering. Das Licht setzt sich durch."

Geld ist nichts! – So weit die Theorie

Mit dem Ladenbesitzer bin ich seit einigen Jahren freundschaftlich verbunden. An diesem Tag sieht er sehr betrübt aus, irgendwie gealtert. „Dir geht es aber heute gar nicht gut", biete ich ihm die Möglichkeit zum Gespräch an. Er dreht den Kopf in Richtung seines Büros und sagt nur: „Komm!" Im Kabuff hinter dem Verkaufsraum setzt er an: „Du kennst doch Herrn Schneider?" Aber ja, das ist der freundliche Verkäufer, der mich immer mit Namen begrüßt, wenn ich das Geschäft betrete. Besorgt frage ich: „Ist er krank?" Dem Gesichtsausdruck meines Freundes nach muss es ihm sehr schlecht gehen. Aber ich liege völlig falsch: Herr Schneider hat Geld aus der Kasse genommen. Viele tausend Euro! Er hat immer mal wieder etwas geklaut, so fiel der Diebstahl nicht sofort auf. Als der Chef argwöhnisch wurde, suchte er den Mitarbeiter zu Hause auf, um ihn mit seinem Verdacht zu konfrontieren. Allein, unter der Adresse, die im Arbeitsvertrag steht, war der Mann nie gemeldet. Er kam aber am nächsten Tag zur Arbeit und gab alles zu. „Was ist aus dem Geld geworden?", will ich wissen. Mein Freund lässt den Kopf hängen: „Ausgegeben. Alles weg. Verspielt. Frauen. Sauftouren. Verjubelt …" Ich spreche aus, was klar ist, aber so weh tut: „Du wirst es nie wiedersehen. Wie soll dieser Mann in seinem Alter je noch so viel Geld zusammenbekommen?"

Ein großer Gewinn für ein Land ist es, wenn der König für Recht und Ordnung sorgt. Wer am Geld hängt, wird davon nie genug kriegen, und wer den Wohlstand liebt, wird immer von der Gier nach mehr getrieben werden. Auch dies alles ist so sinnlos!

Je mehr Geld du ansammelst, desto mehr Menschen kommen, um auf deine Kosten zu leben. Welchen Nutzen hast du also von deinem Geld, außer, dass du dich an seinem Anblick erfreuen kannst? Wer arbeitet, schläft gut, ob er viel oder wenig zu essen hat. Der Reiche dagegen kann keinen Schlaf finden, weil sein voller Bauch ihn drückt. Und ich beobachtete auf dieser Erde etwas richtig Schlimmes: dass jemand seinen Reichtum sorgsam hegt und pflegt – und ihm das zum Verhängnis wird. Verliert ein solcher Mann seinen Reichtum durch ein unerwartetes Ereignis, bleibt ihm nichts mehr und auch seinem Sohn kann er nichts hinterlassen. Genauso nackt, wie er bei der Geburt auf die Welt gekommen ist, muss dieser Mensch auch wieder diese Welt verlassen. Und obwohl er viel gearbeitet und große Mühen auf sich genommen hat, wird er nicht einmal eine Handvoll von seinem Besitz mit sich nehmen können. Ja, das ist schlimm: Wie der Mensch in die Welt gekommen ist, so verlässt er sie auch wieder. Was bringt es ihm am Ende, dass er sich um Wind gemüht hat? Sein ganzes Leben verbrachte er wie unter einer dunklen Wolke: Er hatte eine Menge Ärger, viel Kummer und wurde über dem allen sogar krank. (Prediger 5,8–16)

Reichtum zu verdammen gehört zum guten Ton im Christentum. Denn tatsächlich tötet der habgierige Kapitalismus durch Ausbeutung Menschenleben und Natur. Geld ist für manche ein Suchtmittel, sie wollen immer mehr; dabei zeigen zahlreiche Beispiele, dass Vermögen allein nicht glücklich macht. Ich erinnere mich an eine Reportage über einen spanischen Busfahrer, der in der Lotterie mehrere Millionen gewonnen hatte. Der Mann gab seinen Job auf und kaufte sich ein tolles Haus, wo er langsam, aber sicher vereinsamte, ohne die Kollegen, ohne den Austausch mit der Welt. Oder denken wir an die Superreichen, die immer mal wieder mit absurden Aktionen auf sich aufmerksam machen.

Auf Geld zu schimpfen mag moralisch wohlklingend sein, es wird der Wirklichkeit indes nicht gerecht. Der real existierende Sozialismus konnte als Alternative nicht überzeugen. Und solange wir nicht im Paradies leben, wo alles gratis dargereicht wird, müssen wir mit Wirtschaftssystemen über die Runden kommen, in denen Geld eine Rolle spielt.

Selbstverständlich kann man sich mit Geld nicht alles kaufen, vor allem die Liebe nicht. Aber ist das Leben ohne Geld besser? Ein gewisser Wohlstand beruhigt und lenkt ab von der Unzufriedenheit mit der Existenz. Doch Herr Schneider genoss ihn auf unredliche Art.

Mein Freund, der Ladenbesitzer, ist kein Krösus; das gestohlene Geld fehlt ihm bitter in der Bilanz. Dennoch wird er den Verlust überleben und verschmerzen. Mehr noch verletzt ihn der Vertrauensmissbrauch seines Angestellten. „Er hatte eine Menge Ärger, viel Kummer und wurde über dem allen sogar krank", beobachtet der Prediger die Geldabhängigen. So weit kam es bei meinem Freund nicht – er weiß, so gemein die ganze Geschichte auch ist: Es handelt sich letztlich „nur" um Geld.

Nur? Oscar Wilde stellte augenzwinkernd fest: „Als ich klein war, glaubte ich, Geld sei das Wichtigste im Leben. Heute, da ich alt bin, weiß ich: Es stimmt." George Bernard Shaw ergänzt in gleicher Manier: „Geld ist nichts. Aber viel Geld, das ist etwas anderes." Der amerikanische Komiker Danny Kaye witzelte: „Geld allein macht nicht glücklich. Es gehören auch noch Aktien, Gold und Grundstücke dazu." Und der Kabarettist Dieter Hildebrandt gab zu bedenken: „Geld macht nicht korrupt – kein Geld schon eher."

Der humorige Umgang mit dem schwierigen Thema offenbart eine gewisse Hilflosigkeit. Geld regiert die Welt, sagt das Sprichwort. Wir nehmen es hin. Doch unser Glaube fordert einen kritischen Umgang mit Geld. Jesus empfiehlt dem Mann, der ihm zu folgen bereit ist und die Gebote Gottes treu hält: „Es gibt noch eines, das dir fehlt. Verkaufe alles, was du hast, und gib das Geld den Armen, und du wirst einen Schatz im Himmel haben. Dann komm und folge mir nach" (Lukas 18,22). Eine starke Forderung, gelassen ausgesprochen. „Als der Mann das hörte, wurde er traurig, denn er war sehr reich. Jesus sah ihm nach, als er wegging, und sagte dann zu seinen Jüngern: ‚Wie schwer ist es doch für die Reichen, ins Reich Gottes zu kommen!'" (Lukas 18,23).

Einen krassen Gegenentwurf zu unserem Umgang mit Geld beschreibt vor 500 Jahren der Humanist Thomas Morus in seinem Buch Utopia. Dort, wo alles ganz anders ist, bedienen sie „sich nämlich unter sich keines Geldes, das sie vielmehr für solche Fälle aufheben, wo es ihnen von Nutzen werden kann, wenn es auch möglich ist, dass solche niemals eintreten". In Utopia hat man eine extraordinäre Methode entwickelt, Gold und Silber gering zu schätzen: „Während sie nämlich aus tönernem und gläsernem Geschirr essen und trinken, das zwar sehr geschmackvoll aussieht, aber billig ist, lassen sie aus Gold und Silber für die öffentlichen Hallen und die Privathäuser Nachtgeschirre und lauter für niedrige Zwecke bestimmte Gefäße anfertigen. Ferner werden die Ketten und dicken Fußschellen zur Fesselung der Sklaven aus denselben Metallen hergestellt. Endlich werden allen denen, die irgendein Verbrechen ehrlos macht, goldene Ringe in die Ohren gehängt, goldene Fingerringe angesteckt, ein goldenes Halsband umgetan und um den Kopf ein goldener Reif gelegt. So sorgen sie mit allen Mitteln dafür, in ihrem Lande Gold und Silber in Verruf zu bringen. Und auf diese Weise wird erreicht, dass diese Metalle, die andere Völker sich nur mit so großen Schmerzen nehmen lassen, als sollten sie sich ein Stück vom Leibe reißen, bei den Utopiern nichts gelten. Würde es dort einmal notwendig, alles Edelmetall herauszugeben, so würde kein Mensch glauben, einen Heller zu verlieren."

Niemand interessiert sich für Gold und Silber – eine herrliche Phantasie. Aber noch sieht unsere Welt anders aus. Der Prediger bleibt pragmatisch: Du kommst nackt auf die Welt und ebenso nackt verlässt du sie wieder. Das letzte Hemd hat keine Taschen. Deswegen mache dich nicht verrückt des Geldes wegen.

Und doch müssen wir zwischen Geburt und Tod auch überleben auf der Erde. In Armut gelingt das nicht leichter. Der Prediger setzt eine gewisse Hoffnung auf die Regierung: „Ein großer Gewinn für ein Land ist es, wenn der König für Recht und Ordnung sorgt." In unserem politischen System ist der Souverän, der sagt, wo's langgeht, das Volk selbst: wir. Du und ich. Es liegt auch in unserer Hand, welche Rolle Geld spielt. Das ist eine große Verantwortung.

Für meinen Freund bleiben solche Wahrheiten abstraktes Gerede. Da müssen Rechnungen bezahlt und Verbindlichkeiten eingehalten werden. Er gibt nicht auf. Auf seine Art ein Held.

Freude im Herzen

Ich danke Gott, und freue mich
Wie's Kind zur Weihnachtsgabe,
Daß ich bin, bin! Und daß ich dich,
Schön menschlich Antlitz! Habe;

So beginnt das vielstrophige Gedicht „Täglich zu singen" von Matthias Claudius. Wer so spricht, der ist mit seiner Existenz im Reinen. So einer ist auch mein Freund Kunibert.

Beim Gespräch über einen hohen leitenden Geistlichen sagt er über diesen strengen Asketen: „Der liebt die Menschen nicht." Ganz anders Kunibert, er liebt sie. Nicht alle freilich, aber grundsätzlich zeigt er sich großzügig und nachsichtig mit unsereinem. Menschen sind oft genug seltsam, unzuverlässig, hinterfotzig, nachtragend, vergesslich, nervig … ach, diese Reihe ließe sich endlos fortsetzen. Man muss nicht alles nachsehen, aber vieles. Kunibert und ich, wir sind ja selbst nicht besser.

Ich danke Gott mit Saitenspiel,
Daß ich kein König worden;
Ich wär geschmeichelt worden viel,
Und wär vielleicht verdorben.

Kunibert ist sehr damit einverstanden, kein „König" zu sein. Das würde seine Lebensfreude beeinträchtigen. Er genießt das Dasein, wo immer es geht. Durch seine gute Laune schenkt er anderen Mut. Mit aufmunternden Worten und einem Lächeln für andere geizt er nicht.

Ich habe aber auch etwas Schönes und Gutes entdeckt: dass jemand isst, trinkt und Freude an seiner Arbeit hat, obwohl sie ihm, solange er lebt, viel Mühe schafft – denn das ist seine Bestimmung. Auch wenn Gott einem Menschen Reichtum und viele Güter gegeben hat, und der Mensch diese aus der Hand Gottes annehmen und sich trotz seiner Mühe daran freuen kann, ist es ein Geschenk Gottes. Wer dazu in der Lage ist, denkt nicht mehr oft über die Kürze seines Lebens nach. Denn Gott hat ihm Freude ins Herz gegeben. (Prediger 5,17–19)

Kuniberts Frohsinn beruht nicht auf einem Mangel an Problemen, als sei in seinem Leben immer alles glattgelaufen. Er ist wahrlich kein Günstling des Schicksals. Aber Gottvertrauen und rheinische Lebensart ließen ihn genügsam werden. Seine Künste als Hobbykoch sind überragend, weil er Spaß am Essen hat; und einen guten Tropfen weiß er zu schätzen. Wenn er mir eine große Freude machen will, lädt er mich zum Essen ein, bei sich daheim oder im Restaurant, oder er bringt Speisen, die er zubereitet hat, zu mir nach Hause.

Im Genießen sind wir dann ganz im Jetzt. Wir spüren: Wir leben! Wir können die Vergangenheit analysieren und über die Zukunft mutmaßen, aber wir leben im Augenblick, in dem wir schmecken. Gott hat Kunibert Freude ins Herz gegeben. Daran lässt er mich und andere teilhaben. Er vervielfältigt sie. Welch ein Geschenk Gottes!

Mein Freund, der (im wahren Sinne fromme) Menschenfreund, ist dem Kohelet ein Bruder im Geiste. Er denkt nicht so oft über die Kürze des Lebens nach, er spricht lieber mit Matthias Claudius:

Gott gebe mir nur jeden Tag,
Soviel ich darf zum Leben.
Er gibt's dem Sperling auf dem Dach;
Wie sollt' er's mir nicht geben!

Philosophenstammtisch

„Glücklich leben will jedermann", so beginnt einer der ältesten Ratgeber in Sachen Glück: das Büchlein „Vom glückseligen Leben" (De Vita Beata) des römischen Philosophen Seneca. Dass alle glücklich leben wollen, dieser Einstieg in seine Überlegungen ist so banal wie genial, denn jeder kann dem wohl zustimmen. Dem Glücksuchenden bietet sich Senecas Schrift seit knapp zweitausend Jahren als Hilfe an. Auch heute noch lohnt sich die Lektüre der rund dreißig Seiten, eines Werkes von zeitloser Weisheit und Poesie. Senecas Glücksrezepte waren zwar nie leicht umzusetzen; sein Ziel jedoch bleibt erstrebenswert: „Das höchste Gut ist die Harmonie der Seele mit sich selbst."

Auch Kohelet beschäftigt sich ja in seinem Buch mit dem Glück – nur unter umgekehrten Vorzeichen. Da sein Dreh- und Angelpunkt die Vergänglichkeit ist (aus der dann die Sinnlosigkeit resultiert), scheint sein Schwerpunkt auf der Abwendung von Unglück zu liegen. Hundert Kinder und langes Leben sind in der Vorstellung seiner Zeit der Inbegriff des Glücks. Doch ohne Gelegenheit, sich zu erfreuen, kehrt sich alles ins Negative:

Es gibt noch ein Unglück in der Welt, das die Menschen schwer belastet: Manchen Menschen schenkt Gott Reichtum und Ehre. Sie haben alles, was ihr Herz begehrt, alles, was sie brauchen; aber Gott lässt es nicht zu, dass sie ihren Besitz genießen können, weil er irgendeinem Fremden in die Hände fällt! Das ergibt überhaupt keinen Sinn, ja, es ist ein schlimmes Unglück. Ein Mann mag 100 Kinder haben und sehr alt werden, sodass er auf viele

Lebensjahre zurückblicken kann. Wenn er aber keine Zeit findet, sich an seinem Glück zu freuen, und wenn er nach seinem Tod nicht ordentlich begraben wird, muss ich sagen: Einer Fehlgeburt geht es besser als ihm! Eine Fehlgeburt kommt als ein Nichts auf die Welt, verschwindet wieder in der Finsternis und bekommt nicht einmal einen Namen. Das Licht der Sonne hat sie nie gesehen – sie weiß nicht einmal, dass es so etwas wie eine Sonne gibt. Aber sie hat am Ende mehr Frieden als dieser Mann, der nie sein Glück genießen konnte, selbst wenn er 2000 Jahre leben würde. Nach dem Tod kommen sie doch beide an denselben Ort. Der Mensch müht sich mit seiner Arbeit ab, damit er genug zu essen hat. Doch nie wird er richtig satt. Aber was hat der Weise dem Dummkopf voraus? Was nützt es dem Armen zu wissen, wie man sich ordentlich zu verhalten hat? Es ist besser, du bist mit dem zufrieden, was du hast, als wenn du immer nach noch mehr Dingen verlangst. Denn auch das ist sinnlos und wie der Versuch, den Wind einzufangen. (Prediger 6,1–9)

Wie gern lauschte ich einem Gespräch der beiden Gelehrten: Der rund 300 Jahre ältere Kohelet, erfüllt von jüdischer Weisheit, und der um die Zeitenwende geborene römische Philosoph Seneca diskutieren engagiert ihre Sichtweisen bei einem Glas Wein … oder mehreren. Bei diesem Philosophenstammtisch träten fundamentale Gemeinsamkeiten, doch auch deutliche Unterschiede ans Licht.

Seneca gilt als profilierter Vertreter der Stoa. Bereits Kohelet weist ein paar Merkmale dieser Lehre auf, die von Zenon von Kition im 3. Jahrhundert vor Christus begründet wurde. Populär machten sie später vor allem Epiktet und Mark Aurel. Nach stoischer Weltsicht gibt es Gutes, wie die Tugend, die sich in Klugheit, Gerechtigkeit, Mäßigung und Mut äußert, und Schlechtes, nämlich die Gegenteile der Tugend, also Torheit, Unrecht, Unmäßigkeit und Feigheit. Alles, was weder nützt noch schadet, sei weder gut noch schlecht: Leben, Gesundheit, Reichtum, Herkunft. – Eine These, die Widerspruch herausfordert.

Für die „harten" Stoiker sind Leben oder Tod, Gesundheit oder Krankheit, Reichtum oder Armut, geringe oder hohe Herkunft Gegebenheiten der Natur. Nur ein naturgemäßes Leben, also eine Akzeptanz der Realität, ermöglicht ein glückseliges Leben. Das Glück dürfe nicht zum Bedürfnis werden, das wäre die „schlimmste Knechtschaft". Nein, vielmehr soll man mit Seelenruhe und ohne Klagen sein Geschick hinnehmen und das Schicksal zum Besten auslegen, darauf komme es an. Seneca schreibt: „Wahrlich, ebenso ist es Torheit und Verkennung der eigenen Lage, sich über hartes Geschick zu betrüben oder sich zu wundern und mit Widerstreben zu tragen, was Gute und Böse gleichmäßig trifft: Krankheiten, Todesfälle, Gebrechen und was sonst Widriges im Menschenleben sich ereignet. Was man nach den allgemeinen Gesetzen der Weltordnung zu erdulden hat, das erdulde man hochherzig. Darauf sind wir verpflichtet, zu tragen, was im Leben eines Sterblichen vorkommen mag, und uns nicht irremachen zu lassen durch etwas, was zu vermeiden nicht in unserer Macht steht."

Seneca widmet sein Buch seinem Bruder Gallio. Den erwähnt das Neue Testament einmal, nämlich als Prokonsul von Achaia, der sich weigert, einen Prozess gegen den Apostel Paulus zu führen (weil es sich um eine innerjüdische Angelegenheit handle; siehe Apostelgeschichte 18,12–17). Im 4. Jahrhundert tauchte ein – gefälschter – Briefwechsel zwischen Paulus und Seneca auf. Senecas religiöse Bezüge bleiben abstrakt: „Gott zu gehorchen ist die wahre Freiheit", propagiert er in seinem Buch vom Glück. Dem würde Kohelet im Prinzip zustimmen, dennoch unterscheidet sich sein Zugang grundsätzlich. Gottes Wirken zu verstehen gelingt dem Menschen nicht. Aber dass Gott in das Leben des Menschen hineinwirkt, davon ist der Prediger absolut überzeugt.

„Glücklich leben will jedermann", beginnt Senecas Buch, „aber was zu einem glückseligen Leben gehöre, das ist den meisten unklar oder verborgen." Der römische Philosoph versucht mit seinem Werk, Antworten zu geben. Als Leitstern empfiehlt er die beständige Gemütsruhe. Um sie zu erlangen, ist es nötig, sich zur Freiheit durchzuringen, „diese aber erlangt man nur durch Gleichgültigkeit gegen das Schicksal. Daraus erwächst jenes unschätzbare Gut: die Ruhe und Erhabenheit einer Seele, die ihren festen Standpunkt gefunden hat, die frei von Furcht aus der Erkenntnis der Wahrheit eine hohe, bleibende Freude gewinnt, Freundlichkeit und Heiterkeit des Gemüts." Glücklich ist, so Seneca, wer nichts mehr wünscht und nichts mehr fürchtet – „wer mit dem Bestehenden, sei es, wie es wolle, zufrieden ist und an die eigenen Verhältnisse sich gern gewöhnt hat".

Ich stelle mir vor, wie Kohelet aufmerksam zuhört. Er wiegt den Kopf, krault sich den Bart und reagiert bedächtig. „Ja und nein. Es ist in der Tat besser, du bist mit dem zufrieden, was du hast, als wenn du nach immer mehr Dingen verlangst. Da gebe ich dir Recht." Kohelet gießt Wein nach und erhebt sein Glas: „So einfache Freuden wie Essen und Trinken, Sinnlichkeit und Freundschaft haben auch ihren Wert und sind zum Genießen da. Doch vergiss nicht: Auch glücklich sein zu wollen ist so sinnlos wie der Versuch, den Wind einzufangen. Nun aber: Gelobt sei Gott, l'chaim, auf das Leben!"

Fremdbestimmte Freiheit?

Eine meiner Schwestern ruft an und bringt mich auf den neusten Stand der Familie. Bei sechs Geschwistern (alle verheiratet und Eltern von Kindern) kommt da was zusammen: Der herzkranke Bruder musste vom Rettungswagen abgeholt werden, ein anderes Organ machte große Probleme. Eine Schwester war wegen des Darms in der Klinik. Einer Schwägerin steht wahrscheinlich eine Operation an der Schilddrüse bevor. Ein Schwager hat sich das Handgelenk gebrochen. Ein Neffe bekam glücklicherweise einen Platz in der Suchtklinik. Ein anderer ist endlich aus Südamerika zurück, wo er so sehr abmagerte; nun wird er aufgepäppelt. Die anderen Familienmitglieder, bei denen nichts Akutes vorliegt, werden nur gestreift. Das sind bloß die Blitzlichter zur Gesundheit. Dann gibt es noch die Bereiche Beziehung, Beruf, allgemeines Wohlbefinden und so weiter. Ich steuere die Neuigkeiten von meiner Frau und unseren Kindern bei.

Vor meinem geistigen Auge liegt ein bunter Teppich menschlicher Schicksale. Warum sind wir so geworden, wie wir sind? Meine Geschwister und mich prägte die gleiche Herkunftsfamilie. Und doch haben wir uns alle unterschiedlich entwickelt, leben ein anderes Leben. Gibt es das, was man in der muslimischen Kultur Kismet nennt? Das Wort bedeutet: „das Zugeteilte". Demnach hat Gott die Wege der Menschen vorherbestimmt. Auch Kohelet denkt in diese Richtung:

Alles, was hier auf der Welt geschieht, ist schon vor langer Zeit bestimmt worden. Auch das Schicksal eines jeden Menschen wird schon vor der Geburt festgelegt. Es hat keinen Sinn, mit dem zu streiten, der viel mächtiger ist als wir Menschen. Je mehr der Mensch versucht ihn zu verklagen, desto größer wird nur die Sinnlosigkeit. Was bringt es dem Menschen? Wer weiß schon, was für den Menschen das Beste ist in den kurzen Tagen seines Lebens, das doch flüchtig ist wie ein Schatten? Denn wer kann dem Menschen sagen, was nach ihm kommen wird? (Prediger 6,10–12)

Hat Gott alles festgelegt? Auch unsere Probleme mit Schilddrüse, Darm und Handgelenk? Ist jeder Schritt geplant? Oder bleibt ein gewisser Handlungsspielraum für den Einzelnen? Ist der Mensch frei zu tun und zu lassen, was er will? Ist das Gefühl von Freiheit nur eine Phantasie, und wir folgen unbewusst einem Drehbuch, das Gott schon vor unserer Geburt geschrieben hat? – Über solcherlei Fragen denken die Menschen seit alter Zeit nach.

Keinerlei Freiheit zu haben – kein angenehmer Gedanke! Dann gleichen wir Marionetten. Und wir haben wohl allen Grund, mit Gott zu hadern, warum uns genau dieses und kein anderes Schicksal zuteilwurde. Steht aber alles in unserer eigenen Entscheidung, dann gibt es für den Glaubenden ebenso Grund zu klagen: Wir sind nämlich überfordert von dieser Freiheit. Wie sollen wir mit all den zahlreichen Baustellen in unserem Dasein fertigwerden? Gott hat uns nicht gut genug ausgestattet, um das Experiment Leben bewältigen zu können. Oder gibt es eine Kombination aus Freiheit und Bestimmung? Wird uns eine fremdbestimmte Freiheit zugebilligt? Schwere Fragen!

Die Kunst des Glaubens besteht darin, mit Gott in Kontakt zu bleiben – obwohl alles so ist, wie es ist. Obwohl wir nicht wissen, wie viel Verantwortung Gott zukommt und wie viel uns selbst. Solange wir die Erde unsere Heimat nennen, bleibt eine große Unsicherheit. „Wer weiß schon, was für den Menschen das Beste ist in den kurzen Tagen seines Lebens?", fragt Kohelet rhetorisch. Keiner weiß es. Nur Gott. Der aber schweigt.

Meistens kann ich ganz gut damit leben, dass ich keine Ahnung habe, wie groß das Ausmaß von Gottes Führung in meinem Leben ist. Aber dann und wann rebelliere ich und beginne zu streiten mit dem, „der viel mächtiger ist als wir Menschen"; dann fordere ich Klarheit. Ich kenne eine tiefe Zerrissenheit in dieser Frage: Ich suche die große Freiheit, die mir Selbstentfaltung ermöglicht … und bin von dieser Freiheit gestresst. Doch ich möchte auch gern aus tiefster Seele in das Vertrauen von Kardinal John Henry Newman einschwingen, der überzeugt war: „Ich bin berufen, etwas zu tun oder zu sein, wofür kein anderer berufen ist. Ich habe einen Platz in Gottes Plan auf Gottes Erde, den kein anderer hat. Ob ich reich bin oder arm, verachtet oder geehrt bei den Menschen, Gott kennt mich und ruft mich bei meinem Namen."

Gott ruft uns. Hörten wir doch. Und antworteten.

Haus der Trauer, Haus des Festes

An einem sonnigen Sonntagnachmittag saß ich im Garten, da kam sie überraschend vorbei, Ulrike, die Freundin einer Freundin. Sie wolle mich um einen Gefallen bitten. Ob ich sie und ihren Mann Klaus in die Schweiz begleiten würde ...

Nun ist „Schweiz" hier nicht im Sinne eines Urlaubszieles gemeint, sondern ein Ersatzwort für den begleiteten Freitod. Ich wusste, Ulrike denkt schon lange darüber nach. Wir haben einige Male darüber diskutiert. Das gewichtige Argument der über 80 Jahre alten Frau, die unbedingte Selbstbestimmung, konnte ich immer würdigen und wertschätzen. Ich setzte aber meine Bedenken dagegen: Ein Suizid verunsichert alle Zurückbleibenden. Bei völliger Freigabe des Todes auf Verlangen könnte bei Alten und Kranken ein Druck entstehen, doch bitte endlich zu gehen und Platz zu machen. Ein Sterben nach Termin sei doch ein fragwürdiges Geschäft der Firma mit schönem Namen. Solcherlei ethische Erwägungen. Dass es nur Gott allein zustünde, über Leben und Tod zu entscheiden, habe ich im Gespräch mit Ulrike nie formuliert; sie ist selbst ein gläubiger Mensch.

Ulrike sah an jenem Nachmittag in mein verdutztes Gesicht. Jetzt ging es nicht mehr um ein theoretisches Erwägen, jetzt wurde es ernst. Und warum kam sie damit ausgerechnet zu mir? „Klaus und ich, wir bitten dich, uns Psalm 23 vorzulesen, wenn es so weit ist." Ich erbat mir Bedenkzeit. Und nutzte sie. Zum Beten. Zum Überlegen. Zum Gespräch mit einem Geistlichen, der – wie ich – eigentlich dagegen war und doch seiner schwerkranken Frau versprochen hatte, sie zu begleiten, wenn sie das wollte. Er ermutigte mich, den Eheleuten als Seelsorger beizustehen. Aus meiner Skepsis habe ich ihnen gegenüber nie einen Hehl gemacht.

Wochen später reise ich nach Basel. Die beiden sind schon zwei Tage vorher dort angekommen, mit einem One-Way-Ticket. An drei aufeinanderfolgenden Tagen muss das Paar zwei Ärzten gegenüber seinen Wunsch äußern. Und auch am Tage X: Vor laufender Kamera werden sie befragt, ob sie wissen, was geschieht, wenn sie sich selbst die angelegte Infusion mit dem tödlichen Gift öffnen. Die einzig korrekte Antwort lautet: „Dann werde ich sterben." Die beiden liegen auf den Pflegebetten und halten einander an der Hand.

Nach dem rechtlichen Teil, den die Ärztin abspult, spreche ich den beiden geistlichen Trost zu. Wir beten miteinander das Vaterunser. Ich spende den Segen. Dann nickt die Ärztin den beiden zu. Die Kamera läuft. Ich zitiere Psalm 23. Ulrike und Klaus drehen die Infusion auf. Wie lange wird der Todeskampf dauern? Ich klinge heiser. Nach rund 20 Sekunden seufzt Ulrike auf und neigt den Kopf nach vorn. Klaus sieht sie mit großen Augen an, dann fallen sie ihm zu. Ich bin gerade bei der Zeile „denn du bist bei mir". Meine Stimme bricht.

Die beiden Ärzte und ich verharren eine Viertelstunde im Schweigen. Dann wird der Tod festgestellt und die Polizei informiert. Sie erscheint und befragt auch mich: „Ja, ich kann bestätigen, die beiden wollten sterben."

Ein guter Ruf ist mehr wert als ein gutes Parfum, und der Tag deines Todes ist besser als der Tag deiner Geburt. Geh lieber in ein Haus, in dem getrauert wird, als in ein Haus, in dem ein fröhliches Fest gefeiert wird. Denn dort wird dir bewusst, dass

> *jeder Mensch einmal sterben muss – daran sollte sich jeder Mensch während seines Lebens erinnern. Kummer ist besser als Lachen, denn Traurigkeit reinigt den Menschen. Der Weise ist mit seinen Gedanken und seinem Herzen bei denen, die trauern; ein Dummkopf überlegt nur, wie er es sich gut gehen lassen kann.*
>
> (Prediger 7,1–4)

Kohelet wäre die Vorstellung von Organisationen, die Lebensmüden gegen Geld behilflich sind aus dem Leben zu scheiden, wohl absurd vorgekommen. Den Tod selbst betrachtete er nüchtern, wenngleich eine Behauptung wie „der Tag deines Todes ist besser als der Tag deiner Geburt" auch eine gewisse Schwermütigkeit erahnen lässt. Nur wer so fühlt, kann sagen, Kummer sei besser als Lachen.

Das Leben kann bitter sein. Man kann die Lust daran verlieren. Ulrike und Klaus litten unter den normalen Belastungen des Alters; todkrank waren sie nicht. Sie wollten nicht mehr. Darüber mag ich nicht urteilen.

Doch ihr Tod stellt uns die Frage: Wann ist ein Leben lebenswert? „Geh lieber in ein Haus, in dem getrauert wird, als in ein Haus, in dem ein fröhliches Fest gefeiert wird", schreibt der Prediger. Wie soll man das verstehen? Wir müssen die Kraft aufbringen, in ein Haus der Trauer zu gehen. Davor dürfen wir nicht zurückscheuen. Wir halten aus, dass nichts zu machen ist. Trauer ist eine Übung der Demut. Doch um Kraft zu schöpfen für diese Aufgabe, brauchen wir das Haus des Festes, die Fröhlichkeit, das Unbeschwerte. Alles hat seine Zeit, sagt der Prediger doch selbst! Yin und Yang bedingen und ergänzen einander.

Unser Leben gleicht einem Haus, in dem mal getrauert, mal gefeiert wird. Im gleichen Zimmer. Am gleichen Tisch. Im gleichen Bett. Sich damit zu versöhnen scheint mir der einzig gangbare Weg, mit dem Dasein auf Erden fertigzuwerden.

Das ist Herbert Stangl gelungen, einem ehemaligen Priester, der sein Amt der Liebe wegen aufgegeben hat. Seinen im Alter geschriebenen Gedichtband „Schritte nur Schritte" beschließt er mit einem Text unter der Überschrift: „Motto":

leben
ohne sicherheiten
glauben
ohne gewissheiten
lieben
ohne neid
sterben
ohne angst

Therapie-Empfehlung: Geduld

Der Krebs macht etwas mit einem Menschen! Hiltruds Leben hing am seidenen Faden. Sie kämpfte sich durch, ertrug Bestrahlung und Chemotherapie und besiegte die Krankheit! Dass sie überlebte, war für sie ein Zeichen Gottes. Er hatte noch etwas vor mit ihr, sonst wäre sie ja gestorben. Ihre Berufung war forthin die Kunst. Sie schrieb Gedichte, malte und fotografierte, ja sie sang sogar. Über ihre künstlerische Qualität ließe sich streiten, doch ihre Botschaft durchdrang alles, was sie tat: „Hier bin ich; die Hiltrud ist noch da!"

Hiltruds Präsenz und Lebensfreude beeindruckten mich. Ihr künstlerischer Ausdruck traf nicht meinen Geschmack, das war mir alles zu schlicht, ohne Mysterium. Doch ihrem starken Willen, sich ihrer eigenen Existenz zu vergewissern, zollte ich meinen aufrichtigen Respekt. Ich mochte sie und konnte ihre mitunter schrullige Art sogar genießen. Meinen freundlichen Umgang interpretierte sie als Anerkennung ihres Schaffens.

Dass sie ihrerseits mich schätzte, genoss ich. Meine Bücher lobte sie in den Himmel. Sie erschien zu meinen Vorträgen, und ich sollte unbedingt bei ihrer Vernissage sprechen. Sie schrieb mir zahlreiche Briefe, und es war ausgemacht, ich müsse sie einst beerdigen; ein Vertrauensbeweis.

Was mich dann in ihrem Ansehen sinken ließ, weiß ich nicht mehr. In irgendeiner Sache hatte ich ihr wohl widersprochen oder aber einer ihrer Darbietungen nicht die erwartete Aufmerksamkeit zuteilwerden lassen. Ihre Briefe waren fortan im Ton der Enttäuschung verfasst, wurden aggressiv, und schlussendlich drohte sie mit dem Anwalt: Die Veröffentlichung eines Textes von ihr, den ich Hiltrud zuliebe in eine Anthologie aufgenommen hatte – was sie mit Stolz erfüllte –, hätte ich nicht ordnungsgemäß angefragt. (Die Beschwerde kam drei Jahre später, das Buch war mittlerweile vergriffen.) Sie verlangte Geld. Ich steckte ihr einen Zehn-Euro-Schein in den Briefumschlag und bat sie, mir nie mehr zu schreiben.

Es ist besser, sich von einem Weisen zurechtweisen zu lassen, als sich von den Lobliedern eines Dummkopfs beruhigen zu lassen. Denn die Schmeicheleien eines Dummkopfs sind so kurz und unbeständig wie das Aufglühen von Dornen im Feuer. Auch das ist sinnlos. Gewinn, der ihm nicht zusteht, macht aus dem Weisen einen Dummkopf, und Bestechungsgelder verderben das Herz. Das Ende einer Sache ist besser als ihr Anfang. Geduld ist besser als Selbstherrlichkeit. (Prediger 7,5–8)

Um das klarzumachen: Hiltrud war kein Dummkopf! Es fiel ihr nur nicht leicht zu verstehen: Meine durchaus vorhandene Sympathie gründete sich nicht auf die Bewunderung ihrer Werke oder Darbietungen. Genau darauf baute sie jedoch ihre Nach-Krebs-Existenz auf. Das wurde mir erst später klar. Der Dummkopf war ich, der ich mich von ihren Schmeicheleien in eine seltsame Abhängigkeitsbeziehung hatte manövrieren lassen. Das geschah auf meine Verantwortung! Unsere Beziehung war vergiftet. Ja, so traurig es ist, das Ende dieser Sache war besser als ihr Anfang.

Menschen wie Hiltrud gibt es einige auf der Welt, und manche von ihnen finden sich in einer Kirchengemeinde. Mein bester Freund, dessen Glaube nicht institutionell erfasst werden kann, kommentierte einmal meine Klagen über solcherlei Auseinandersetzungen so: „Gemeinde ist ein Disneyland für Aufmerksamkeitssüchtige." Kein schönes Wort. In der Tat aber ist das Bedürfnis, gesehen, gehört, überhaupt wahrgenommen zu werden, enorm. Die Methoden reichen von enthusiastischem Engagement bis zur chronischen Nörgelei. Immerhin nehme ich Notiz von diesen Leuten. Sie fallen auf. Dabei bin ich selbst nicht frei vom Haschen nach Zustimmung. Nicht ganz so platt wie ein befreundeter Geistlicher, den ich als Gastprediger eingeladen hatte. Nach dem Gottesdienst fragte er mich: „Wie war ich?"

„Geduld ist besser als Selbstherrlichkeit." Diese Weisheit Kohelets spricht mich besonders an, weil sie nicht aus dem einfachen Gegenteil besteht: Geduld ist besser als Ungeduld. Er bringt sie in einen Zusammenhang mit Selbstherrlichkeit. Diese nämlich sucht schnelle Bestätigung, Zuspruch, Applaus. Ohne Lob vermögen wir nicht zu leben. Doch sollte die Deckung des Grundbedarfs genügen; die Sucht danach macht krank. Hiltrud hatte den Krebs überwunden, nicht aber ihr Verlangen nach Beifall. Ich kenne das auch nur zu gut, arbeite aber an meiner Befreiung.

Das vom Prediger empfohlene Heilmittel heißt Geduld. – Man kennt ja das schöne Stoßgebet: „Herr, gib mir Geduld. Aber sofort!" Dagegen setzt der evangelische Pfarrer Jochen Teuffel aus Vöhringen an der Iller sein Gebet: „Herr, schenke mir Geduld mit meiner Ungeduld." Amen, ja, amen.

Früher war es besser?

Einen gesegneten Sonntag wünsche ich den Gläubigen nach dem Gottesdienst auf dem Kirchvorplatz. Diese kurze Begegnung ist auch die passende Gelegenheit, mir eine kleine Nachricht oder Bitte mitzugeben: „Ich bin Oma geworden", „Meine Frau ist so krank" oder „Beten Sie für meinen Sohn". Manche bedanken sich für die Predigt, ab und zu wiegt jemand den Kopf und meint: „Darüber müssen wir aber noch mal sprechen" – was dann allerdings selten tatsächlich geschieht.

Heute schaut mich Frau Börnsen streng an: „Der Gottesdienst hat mir gar nicht gefallen!" Ich reagiere betroffen: „Oh, wie schade; habe ich denn etwas gesagt, was Ihnen so missfallen hat?" Sie schüttelt den Kopf: „Wir haben nur moderne Lieder gesungen!" Sofort schalte ich in den Verteidigungsmodus: „Das letzte Lied ist mindestens 200 Jahre alt, ‚Danket dem Herrn'." Frau Börnsen lässt sich nicht beirren: „Wenn Sie dran sind, werden nur moderne Lieder gesungen."

Nun muss man wissen, traditionell orientierte Gottesdienstteilnehmer verwenden gern das abwertende Prädikat „modern" für alles, was nicht von Martin Luther oder Paul Gerhardt stammt. Auch ein Song wie „Hilf, Herr meines Lebens" von 1962 gilt dann als „modern". Tatsächlich suche ich für jeden Gottesdienst sowohl klassische Choräle aus als auch jene Gesänge, die man „Neues geistliches Lied" nennt. Denn mir ist bewusst, wie sehr wohlwollende Christenseelen von schrecklich altbackenen Liedern abgeschreckt werden, die besser der Vergessenheit anheimfallen sollten. Es gibt da Sachen im Gesangbuch …

Erbarme dich, o Herr ... Texte in schrecklichem Deutsch mit zweifelhaftem Inhalt, auf ein paar dürren Noten vertont. Und zu dieser trockenen Melodie soll man dann wohlmöglich sieben Strophen singen. Das will ich mir ja selbst nicht antun, weiß aber um den Wert von Liedern, die von Generation zu Generation weitergegeben wurden. Mein Ziel: Ausgewogenheit von alt und neu. Besser: von älter und neuer. Wirklich neu sind die Lieder meistens nicht, höchstens mal im Anschluss an den Kirchentag. Doch schon fremdsprachige Lieder vermeide ich in der Regel für den Gemeindegottesdienst, damit sich niemand ausgeschlossen fühlt.

In kurzen Worten bemühe ich mich, Frau Börnsen zu erklären, meine Absicht sei es, mit der Liedauswahl Senioren und jüngere Menschen gleichermaßen anzusprechen. (Dabei singen auch Achtzigjährige gern „moderne" Lieder; Sigrid liebt zum Beispiel „Ich will, dass einer mit mir geht".) Frau Börnsen aber hört mir gar nicht zu, sondern fällt mir ins Wort: „Immer nur moderne Lieder! Früher war es besser." – Ich frage: „Was meinen Sie mit ‚früher'? In Ihrer Jugend? Selbst ‚Lobe den Herren' war einmal modern." Sie verdreht verneinend die Augen: „Nein, als Sie noch nicht da waren." – „Sie machen mir Freude!", raunze ich die Frau an. Sie legt noch einen obendrauf: „Überhaupt, wie Sie den Gottesdienst machen, das gefällt mir nicht. Das war bei Pfarrer Schinrah einfach besser!" Sie schaut mich ganz ruhig an, aber meine Ruhe ist dahin: „Frau Börnsen, Sie sind ein freier Mensch, wir leben in einem freien Land. In Bonn gibt es so viele Kirchengemeinden, suchen Sie sich eine aus, wo Sie sich wohl fühlen. Sie müssen ja nicht zu mir kommen. Schönen Sonntag noch!" Und geradezu flehentlich wende ich mich einem älteren

Herrn zu, der das Gespräch in gebührendem Abstand mitbekommen hat, weil er darauf wartete, mir noch etwas sagen zu können.

Sei nicht aufbrausend in deinem Zorn, denn der Ärger ist ein Freund der Dummköpfe. Frag nicht, warum früher alles besser war, denn damit verrätst du nur, dass du keine Weisheit besitzt. Weisheit zu besitzen ist genauso wertvoll wie ein großes Vermögen; Einsicht ist ein Vorteil für die, die im Sonnenlicht leben.
(Prediger 7,9–11)

„Früher war alles besser", das ist so ein Satz ohne Substanz, aber mit subtiler Gewalt. Er diskreditiert die Gegenwart. Und er stimmt einfach nicht. Früher warst du gesellschaftlich tot, wenn du dich hast scheiden lassen. Früher durfte von deiner Homosexualität keiner wissen. Früher war es normal, Frauen und Kinder zu schlagen. Früher war es anders. Wir leben heute. Jetzt. Hier.

Weder ich noch Frau Börnsen waren an jenem Sonntag besonders weise. Ich rufe sie am Nachmittag an und entschuldige mich für meinen barschen Ton. Sie reagiert erleichtert und relativiert ihre Kritik. Ein paar Wochen später ist sie wieder in der Kirche. Zufällig haben wir ein paar evangelische Evergreens gesungen: „Du meine Seele, singe", „Nun danket alle Gott" und „Befiehl du deine Wege". Auf dem Kirchvorplatz grinse ich sie an: „Und? Zufrieden?" Sie lächelt zurück: „Heute war es sehr gut!" Und dann danke ich ihr noch für ihr Kommen; sie wusste ja nicht, was gesungen wird. Ein Vertrauensvorschuss ihrerseits.

Mir fällt die kluge Bemerkung eines Theologiestudenten ein, der bei mir ein Praktikum absolviert hat. Heiko meinte, die eigentliche Passion Jesu (also sein Leiden) sei nicht das Kreuz gewesen, sondern seine Jünger. Da steckt Wahrheit drin. Wir, die wir uns nach Christus Christen nennen, machen einander oft das Leben schwerer, als es ohnehin ist.

Theologisch interessant scheint mir auch: Selbst in der „Kirche des Wortes" – wie man den Protestantismus auch bezeichnet – wird die „Qualität" des Gottesdienstes nicht nur an dem bemessen, was von der Kanzel gesprochen wird. Wie erzählte mir doch ein Bruder im geistlichen Amt: Sein Vorgänger auf der Pfarrstelle, mit dem ihn eine nicht gerade innige Beziehung verbindet, dankt am Ende eines Gottesdienstes … für die schöne Liedauswahl! Besser kann man die Missbilligung der Predigt nicht ausdrücken.

Verankerung

Als Amtsleiter im Rathaus einer Großstadt versieht Oliver einen verantwortungsvollen Job. Kein Wunder, dass die Belastungen ihn enorm erschöpfen. Als er seinem Bruder erzählt, bei der morgendlichen Tour zur Arbeit habe er schon ein paarmal die richtige Autobahnausfahrt verpasst, da bekommt er den ernst gemeinten Rat, kürzerzutreten. Der verhallt.

Die Müdigkeit nimmt immer mehr zu. Der Bruder veranlasst für Oliver einen Termin beim Arzt. Diagnose: Hirntumor. Operation. Prognose: drei Monate.

Der Bruder fährt jedes Wochenende die rund hundert Kilometer ins Hospiz, um Oliver zu besuchen. Manchmal – im Delirium – leitet der Todkranke imaginäre Sitzungen. Manchmal reden die beiden miteinander. Manchmal schweigen sie. „Wenn der Bruder da ist, ist Oliver ruhiger", fällt allen auf. Nach fast genau drei Monaten ist Oliver tot.

Denn Weisheit kann dich genauso schützen wie Reichtum; aber die Weisheit ist in der Lage, dir das Leben zu retten. Schau dir die Taten Gottes an: Kann jemand geradebiegen, was er krumm gemacht hat? Wenn es dir gut geht: Freu dich daran! Und wenn du von Unglück betroffen bist: Denk daran, dass dieser Tag wie auch jener von Gott gekommen ist, damit der Mensch nicht herausfinden kann, was die Zukunft bringt. (Prediger 7,12–14)

Oliver habe ich leider nicht gekannt, doch den Bruder kenne ich: einen Seelsorger und Therapeuten. Er weiß um die Belastungen menschlicher Existenzen. Doch hier geht es nicht um die Probleme anderer Leute, hier geht es um seine eigene Trauer.

„Ich habe mich nie gefragt ‚Warum gerade er?'", erzählt er mir. Wer sollte darauf auch eine Antwort geben können, wenn nicht Gott selbst? Doch ihm ist klar: Gott ist nicht für unsere Erkrankungen verantwortlich. Aber haben sie gar nichts mit ihm zu tun? Kohelet behauptet: „Und wenn du von Unglück betroffen bist: Denk daran, dass dieser Tag wie auch jener von Gott gekommen ist, damit der Mensch nicht herausfinden kann, was die Zukunft bringt." Ob der Bruder dieser Ansicht etwas abgewinnen kann? Auf jeden Fall nimmt er alle Tage an, die guten wie die schlechten. Er nennt das seine Verankerung.

Alles ist aufgehoben in Gott. Das ist eine Art von Weisheit, die tatsächlich in der Lage ist, Leben zu retten. Denn der Bruder lebt ja weiter. Ohne Oliver. Mit der Wunde der Trauer, die vernarben wird ... aber auch bleiben, solange er lebt.

„Mitten wir im Leben sind mit dem Tod umfangen", dichtete Martin Luther einen mittelalterlichen Hymnus nach. Geschichten wie die von Oliver können destabilisieren. Es kann jede und jeden immer treffen. Da uns diese Wahrheit allerdings überfordert, leben wir lieber so, als seien wir unsterblich.

Wir sind jedoch das Gegenteil: verletzbar und sensibel. Vieles läuft nicht gerade, sondern krumm. Auch bei der österreichischen Schriftstellerin Christine Lavant war es so. Sie wollte sich 1935 (als Zwanzigjährige) mit Tabletten das Leben nehmen. Danach begab sie sich auf eigenen Wunsch in eine Klinik in Klagenfurt, die damals „Landes-Irrenanstalt" hieß. Elf Jahre später schrieb sie ihre Erlebnisse während des sechswöchigen Aufenthaltes nieder, als seien sie unmittelbar geschehen. Obwohl (oder weil?) eine lange Zeit dazwischenlag, sind die Aufzeichnungen von einer erschütternden Aufrichtigkeit. Das Buch erschien erst im Jahr 2001, lange nach ihrem Tod.

In ihren „Aufzeichnungen aus dem Irrenhaus" finden sich zarte Andeutungen ihres Glaubens. Nichts Scheinheiliges. Kein frommer Überbau, der alle Probleme relativiert. Inmitten ihrer immensen seelischen Belastung finden sich Rückbindungen an Gott. So erzählt sie, wie sie als Kind einen honigbraunen Falter fängt und zwischen ihren Händen festhält. Auf einmal scheint ihr die Existenz von Engeln ganz selbstverständlich, als habe sie einen Engel gefangen. Doch zwischen ihren Händen verbirgt sie dann doch nur einen sterbenden Falter, den sie ins Gras legt. Übergangslos schreibt sie als Gebet:

„Und so, mein Gott, würdest wohl auch du mich irgendwo ins Gras legen, halb aus Ekel, halb aus Mitleid, wenn ich jetzt aus nichts als aus Furcht und Krankheit mich in deine Hände gleiten ließe. Du willst uns alle sicherlich heil und aus ganzem Vertrauen und mit ausschließlicher Inbrunst an dich herankommen sehen, aber da keine wirklichen Engel da sind, um uns die Furcht vor dir verständlich auszureden, so erhältst du uns nie anders als gekränkt und wir dich nie anders als eine notgedrungene Zuflucht. Ich aber möchte dich mehr und besser ..."

Wir wissen wirklich nicht, was die Zukunft bringt – dieser Weisheit Kohelets kann man nicht widersprechen. Doch wer sich auf Gott einlässt, erträgt diese Tatsache gelassener. Der Bruder hat das in seinem Kummer erfahren. Seine Verankerung ist stabil. Er konnte Oliver ein Engel sein.

Ich verstehe es nicht

Er ist jeden Sonntag zum Gottesdienst in der Kirche! Vorher macht er einen Waldlauf. Beruflich führt er ein selbständiges Unternehmen. Verheiratet, ein Sohn. Ich kenne ihn über die Gemeinde: Jürgen ist ein freundlicher und zugewandter Mann in meinem Alter, 55, offen und ehrlich, zuverlässig und engagiert. Er gehört als ehrenamtliches Mitglied zur Gemeindeleitung (dem Presbyterium, wie man im Rheinland sagt). Wie gut, dass es solche Menschen wie ihn gibt.

Da ich meine Pfarrstelle wechselte und nach Bonn ging, sahen wir uns nur noch selten. Aber das Wiedersehen machte immer Freude. Menschen wie Jürgen sind die wahren Pfeiler der Kirche.

Und dann ist er an einem Sonntag vom Waldlauf nicht zurückgekommen. Man findet ihn leblos auf der Strecke, er stirbt im Krankenhaus. Mich erreicht die Nachricht in Rom, der ehemalige Pfarrkollege informiert mich per Handynachricht. „Das ist so gemein, Gott", lautet mein spontanes Stoßgebet. „Ausgerechnet Jürgen!"

Ich weiß, dass der Tod kommt, wann er will. Ich weiß, dass alle Fragen nach dem „Warum" müßig sind. Ich weiß einiges über den Tod. Aber das Wissen bringt nichts. Gar nichts. Über meinen Tagen in der Ewigen Stadt liegt ein Trauerflor. Das dolce vita kann ich nicht in vollen Zügen genießen, denn Jürgen ist tot.

Mit zwei weiteren Geistlichen feiern wir eine Woche später den Beerdigungsgottesdienst. Erst als wir während der Eingangsmusik in die prall gefüllte Kirche einziehen, entdecke ich in der ersten Reihe neben Helga, der Witwe, seinen Sohn: Philipp, 17 Jahre alt. Ich hatte Philipp vergessen! Der Junge war nicht in meinem Bewusstsein gewesen, obwohl er drei Jahre vorher in meinem Konfirmandenkurs war. Wie konnte ich nur nicht an Philipp denken? Ich bin total perplex.

Ich stehe stumm vor der Witwe, sie erhebt sich, umarmt mich, sieht mir dann flehentlich in die Augen und flüstert: „Georg, ich verstehe es nicht!"

Erschüttert nehme ich meinen Platz ein und kann gar nicht aufmerksam den Worten des Kollegen folgen. Aber ich kann weinen. Eigentlich möchte ich wütend auf Gott sein. Aber ich fühle mich nur leer. Ich muss nicht predigen, das macht zum Glück ein anderer. Er widersteht der Versuchung, Jürgens Tod deuten zu wollen.

Mich bewegen die Worte der Witwe: „Ich verstehe es nicht." Ich ahne, was sie meint: Wohl die trügerische Hoffnung, der Umgang mit dem Tod fiele uns leichter, wenn wir ihn verstehen könnten. Dass aber Jürgen einfach so aus dem Leben gerissen wurde, das übersteigt das Begreifen. Obwohl wir ja wissen, der Tod kommt, wann er will, er kann dich als Baby oder als Greis holen. Mit Ankündigung oder aus heiterem Himmel.

Über den Tod theoretisch nachzudenken, ihn als notwendige Beschränkung des irdischen Lebens wertzuschätzen, weil er dem Dasein erst dadurch Würde verleiht, das ist sehr löblich, doch wenig hilfreich, wenn er praktisch so nahe rückt. Dennoch ist es sinnvoll, sich dem Geheimnis des Todes anzunähern, wenn wir gerade nicht unmittelbar betroffen sind. Dann können wir ehrlicher sein. Zu den Erkenntnissen gehört auch: Der Tod lässt sich auch aus dem Glauben nur bedingt erklären. Natürliche Grenze und Durchgangsstation zum Ewigen Leben, gut und schön. Wer aber will sich mit diesen kläglichen Versuchen zufriedengeben?

Der große dänische Philosoph Sören Kierkegaard schreibt einmal: „Darum soll die Rede sich jeglicher Erklärung enthalten; so wie der Tod das allerletzte ist, so soll dies das letzte sein, das über ihn gesagt wird: er ist unerklärlich. ... Die Unerklärlichkeit ist daher keine Aufforderung, Rätsel zu raten, keine Einladung dazu, geistreich zu sein, sondern des Todes ernste Mahnung an den Lebenden: ‚ich habe keine Erklärung nötig' ..." Das liegt ganz auf der Linie des Predigers, der sich wahrscheinlich nur knapper ausgedrückt hätte. Er hat beobachtet:

In meinem kurzen, unbedeutenden Leben habe ich beides gesehen: Mancher, der gerecht lebt, muss schon in jungen Jahren sterben, obwohl er nichts Unrechtes getan hat, und ein anderer, der nichts von Gott wissen will, darf dennoch ein langes Leben führen. (Prediger 7,15)

Recht hat Kohelet: Wir sterben nicht, weil wir Unrechtes getan haben. Glaube ist keine Garantie für ein langes Leben. Der Tod macht keinen Unterschied. Wie ernüchternd. Wie aufrichtig. Vielleicht hätte Kohelet Helga, der zurückbleibenden Ehefrau des Verstorbenen, geantwortet: „Du musst nicht verstehen. Da gibt es nichts zu verstehen. Lerne, damit umzugehen." – Das ist der Weg der Trauer.

Philipp habe ich später einen Brief geschrieben, voll mit meinen seelsorgerlichen Weisheiten: „Alle Gefühle sind erlaubt, lass sie zu, das braucht alles Zeit." Fromm bin ich nicht geworden, habe nur mit dem Segen geschlossen. Ob er mit meinem Trostversuch etwas anfangen konnte? Ich nehme an, das ist Matthias besser gelungen, einem gleichaltrigen Freund von Philipp.

Matthias erzählte mir: „Nachdem ich die Nachricht erhalten hatte, dass Philipps Vater tot ist, war mir klar, ich würde ihn bald im Schulbus treffen. Ich wusste nicht, was ich sagen sollte. Dann stieg er ein, setzte sich neben mich. Ich nickte ihm zu. Dann fing ich an, über Fußball zu reden. Er war mir dankbar."

Als ich einige Monate später wieder in Rom weile, trinke ich auf Jürgen ein Glas Frascati. Sein Tod ist schon längst Wirklichkeit geworden. Aber „verstehen" kann ich ihn bis heute nicht.

Weder Teufel noch Engel

Karl nimmt als Professor einer Naturwissenschaft im Sommer all die Grillfeste auf den Rasenflächen zwischen den Universitätsgebäuden wahr. So etwas möchte er an seinem Geburtstag auch veranstalten. Als Beamter, Christ und Mitglied im Vorstand seiner Kirchengemeinde fragt er brav bei der Verwaltung um eine Erlaubnis an. Seine Bitte wird abgelehnt. Man gibt ihm dezent zu verstehen: Er hätte es einfach machen sollen.

Hendrik, ein aufrichtiger Mensch, benutzt die Straßenbahn, doch der Stempel-Apparat für sein Mehrfahrtenticket funktioniert nicht. Deswegen schickt er später die nicht genutzte Karte zur Entwertung an die Stadtwerke. (Die werden sich amüsiert haben.)

Rita würde gern noch einmal den herrlichen Wein aus Chile trinken, den sie als junge Frau getrunken hat, als sie sich in Südamerika aufhielt. Sie aber verzichtet; es sei unverantwortlich, ein Getränk über tausende von Kilometern nach Europa zu transportieren, wo es doch auch bei uns Wein gibt.

Deshalb: Leb nicht übertrieben rechtschaffen und versuch nicht allzu weise zu sein. Oder willst du dich selbst zugrunde richten? Aber sei auch nicht zu schlecht und unvernünftig: Oder willst du sterben, bevor deine Zeit gekommen ist? Es ist am besten, wenn du das eine nicht loslässt und dennoch das andere behältst. Denn derjenige, der Gott ernst nimmt, findet den richtigen Mittelweg. Die Weisheit hilft einem Weisen mehr, als es die zehn einflussreichsten Einwohner einer Stadt könnten! Denn es gibt keinen Menschen auf der Welt, der sich in allen Lebens-

lagen richtig verhält und niemals irgendetwas Schlechtes tut. (Prediger 7,16–20)

Es gibt jene, die allzu vorsichtig und rücksichtsvoll sind, als schämten sie sich, auf der Welt zu sein. Und es gibt solche, die wirklich „schlecht und unvernünftig" leben, wie Kohelet sagt; diese streben (ohne einen Funken Verantwortung für andere zu übernehmen) nur ihr eigenes Wohl an, und sei es auf Kosten vieler. Zwischen diesen Extremen existieren viele Abstufungen.

Die Spezies der Moralapostel will andere erziehen: Früher einmal war es die Kirche, die ihren Schäfchen einbläute, was erlaubt und verboten ist! Wie weit darf der Spaß gehen und was ist nicht einmal zu denken gestattet? Besondere Aufmerksamkeit widmete man der Sexualität als einer grundlegenden Lebensäußerung des Menschen: Wer mit wem, wann und selbst wie – die Hirten kannten sich bestens aus und verkündeten ihre Ansicht als Wort des Herrn. Selbstredend, da fielen Schwule, Lesben, Transgender und andere, die von der Norm abweichen, unter das Verdikt der Sünde.

Es gibt allerdings auch weltliche Prediger, die uns ungefragt erklären, wie man richtig zu leben habe, und die unser Fehlverhalten kritisieren: Hier hat man sich ökologisch schändlich verhalten, dort durch Nichtbenutzung einer geschlechtsneutralen Formulierung queere Personen diskriminiert.

Das wiederum ruft Widerwillen hervor. Manche, denen es an der Gabe der Differenzierung mangelt, fühlen sich veranlasst, alle zu verunglimpfen, die sich aufrichtig bemühen, so zu leben, dass anderen kein Schaden zugefügt wird. Wer gewissenhaft prüft, ob sein Tun und

Lassen nachhaltig ist für nachfolgende Generationen, wer aus Solidarität und Sympathie (griechisch „Mit-Leiden") für Benachteiligte auch mal auf etwas verzichtet, wer überzeugt ist, auch im Kleinen das große Ganze beeinflussen zu können – der wird schnell als „Gutmensch" verunglimpft. Das ist ein wirklich höchst unpassendes und naives Schimpfwort, denn nur wenn wir uns bemühen, gute Menschen zu sein, die nicht nur sich selbst, sondern die Gemeinschaft alles Lebendigen im Blick haben, können wir in Frieden für Leib und Seele überleben.

Zwischen den Skrupeln, alles nicht richtig zu machen, und der Haltung: „Ist doch egal, nach mir die Sintflut, ich nehme mit, was geht" liegt die breite Mitte. Ihr gehören die meisten Menschen an, ganz gleich, ob mit oder ohne Glauben. Religion ist kein Qualitätsmerkmal im Bereich der Ethik. Will sagen: Der religiöse Mensch ist nicht automatisch der bessere. Der homo sapiens strebt nach einem angenehmen Leben, und daran ist überhaupt nichts verwerflich. Und Freude machen soll es auch!

Wir sollen keine Egoisten und müssen keine Asketen sein. Für den mittleren Weg gibt es viele Anregungen, doch nur in die Tat umgesetzt tragen sie auch Früchte. Immanuel Kant formulierte den kategorischen Imperativ: „Handle nur nach derjenigen Maxime, durch die du zugleich wollen kannst, dass sie ein allgemeines Gesetz werde." Dieser Grundsatz geht sogar noch über die Goldene Regel Jesu hinaus: „Alles, was ihr wollt, dass euch die Menschen tun, das tut auch ihnen!" (Matthäus 7,12). In umgedrehter Form kennen wir diese Botschaft als Sprichwort: „Was du nicht willst, dass man dir tu, das füg auch keinem andern zu." Alles richtig, nur leichter gesagt als getan.

Es stimmt natürlich, was Kohelet lässig feststellt: „Denn es gibt keinen Menschen auf der Welt, der sich in allen Lebenslagen richtig verhält und niemals irgendetwas Schlechtes tut." Doch jene, die Gott vertrauen und in seinem Sinne ihr Dasein gestalten wollen, die machen sich Gedanken, wie sie leben sollen. Eine schöne Zusammenfassung, worauf es ankommt, bietet der amerikanische Schriftsteller (und ehemalige Pastor) Ralph Waldo Emerson: „Wahrheit, Aufrichtigkeit, Mut, Liebe, Demut und alle anderen Tugenden gehören also zur Lebensklugheit, das heißt, zur Kunst, sich in der Gegenwart wohl einzurichten. Ich weiß nicht, ob die Materie sich letztlich auf ein Element, wie Sauerstoff oder Wasserstoff, zurückführen lässt, aber die Welt des menschlichen Handelns ist aus einem Stoff gemacht, und wir können beginnen, wo wir wollen, so landen wir doch sehr bald wieder bei unseren Zehn Geboten."

Das ist ganz im Sinne Kohelets. Nach den Zehn Geboten zu leben ist mehr als harte Pflicht, es ist unser Pfad zur Freiheit. Wir straucheln auf diesem Weg. Und stehen wieder auf. Und gehen weiter. Wir sind weder Teufel noch Engel. Sondern Menschen.

Was die Leute so reden

Der Bestatter kommt auf dem Friedhof schmunzelnd auf mich zu. Er begrüßt mich: „Ich dachte mir schon, es stimmt nicht." „Was denn?" Ich bin völlig ahnungslos. Er hebt die Schultern, wie um seine Unschuld zu beweisen: „Na, dass Sie tot sind." Ich lache auf: „Da wüsste ich aber was von!" – Der Bestatter hatte vernommen, ich sei gestorben. Doch seine Quelle schien ihm nicht ganz zuverlässig, so konnte er bei dieser bevorstehenden Beerdigung ganz entspannt auf mich warten.

Wahrscheinlich hat die Soziologie längst wissenschaftlich untersucht, wer über wen welche Lästereien verbreitet und warum die Leute das so gern tun. Je bekannter das Opfer, desto mehr nehme ich an; und desto gemeiner. In einer Kirchengemeinde zählt schon ein Geistlicher als VIP. So wird auch über mich das eine oder andere erzählt: Ich sei schwul. Alkoholiker. Ich habe eine Affäre. Oder sogar mehrere? Außerdem profiliere ich mich auf Kosten meiner Kollegin, gehe mies mit den Angestellten um und trage zu kurze Hosen. Ich nähme meine Pflichten als Vorsitzender des Presbyteriums nicht ernst und benehme mich machtgeil. Wenn es um die Verteilung von schönen Aufgaben geht, bevorzuge ich junge Frauen. Heimlich wolle ich die evangelische Gemeinde katholisch machen. – Was die Leute so reden ...

Kümmre dich nicht um die Gerüchte, die hinter deinem Rücken erzählt werden. Sonst musst du vielleicht irgendwann mitanhören, wie dein eigener Diener Schlechtes über dich redet. Denn du weißt genau, dass du selbst oft genug Schlechtes über andere verbreitet hast. Dies alles habe ich selbst ausprobiert, als ich mich um Weisheit bemüht habe. Ich sagte mir: „Ich will immer weiser werden." Doch es gelang mir nicht. (Prediger 7,21–23)

Ich bin nur ein kleiner Pfarrer am Rande der Stadt. Wie muss es erst dem Chef einer großen Firma ergehen – oder gar Politikern? Was wird nicht alles über Schlagerstars kolportiert? Alle, die im Lichte der Öffentlichkeit stehen, müssen das aushalten. Bei mir ist es nur das Gerede der Gläubigen; über Personen des öffentlichen Lebens darf alles Mögliche und Unmögliche verbreitet werden.

Es gibt Zeiten, da kann ich darüber lachen. Aber es gibt auch Zeiten, da finde ich wegen dieser Behauptungen nachts keinen Schlaf. Wahrscheinlich weiß ich nicht einmal alles, was man so hinter vorgehaltener Hand über mich erzählt. So schwer es fällt, der Prediger hat recht. Ignorieren heißt die Devise. „Doch es gelang mir nicht." Was richtig ist, fällt nicht automatisch leicht.

Leider stimmt ja auch, was der Prediger voraussetzt: Ich bin ja selbst nicht unschuldig, auch ich lasse mich dann und wann zum Lästern und Tratschen hinreißen. Das Böse lockt.

Man muss nicht besonders fromm sein, um zu wissen: All diese negativen Botschaften schaden, und zwar auch derjenigen Person, die sie verbreitet. Das Internet hält dazu flotte Sprüche parat:

„Hiermit grüße ich alle, die hinter meinem Rücken reden und lästern. Danke, dass ihr mich zum Mittelpunkt eures Lebens macht."
„Wer mit dir über andere lästert, lästert auch mit anderen über dich."

„Erzähl mir nicht, was andere über mich geredet haben. Erzähl mir lieber, warum sie das in deiner Anwesenheit durften."
„Sie reden über dein Leben, weil sie ihres schon verkackt haben."
Der Philosoph René Descartes bringt es auf den Punkt: „Was Peter über Paul sagt, sagt mehr über Peter als über Paul."

Was über mich geredet wird, ist lächerlich gegenüber dem, was die Menschheit über Gott alles verbreitet. Der Reformator Martin Luther beteuert kühn: „Die ganze Welt lästert Gott. Nur von der kleinen Zahl der Seinen, und das sind die Ärmsten, wird er verehrt." Und selbst wir, die Seinen, sind so unvollkommen und schwach. Würden wir die Verehrung Gottes wirklich zum Lebensprogramm erklären – Kohelet würde uns weise nennen. Immerhin, noch lebe ich, wie mir der Bestatter bestätigt hat. Mit dem Weiser-Werden könnte ich sofort anfangen.

Vertrauen ist vernünftig

Alle kamen sie mal dran, die Protagonisten der Weihnachtsgeschichte: Der Engel, der verkündet „Fürchtet euch nicht!" Die Hirten, die miteinander beschließen: „Lasst uns nun gehen gen Bethlehem." Maria, die alle Worte in ihrem Herzen bewahrt. Josef, von dem kein Wort überliefert ist und der uns dennoch viel zu sagen hat. Jesaja mit seiner Sozialkritik war bereits Thema, auch die vier Evangelisten, die sich so unterschiedlich über die Menschwerdung Gottes äußern, sogar eine Auseinandersetzung mit dem Weihnachtsmann, der ausgemustert wurde.

Die Predigt für Heiligabend will gut vorbereitet sein. Da kommen Leute in den Gottesdienst, die sonst nie erreicht werden können. Am Weihnachtsabend ist das Verlangen nach Zuspruch groß. Ich habe diese besondere Gelegenheit nie zur Publikumsbeschimpfung genutzt. Niemand hilft es, anhand des Schicksals Flüchtender oder anderer Kreaturen in Not den konsumgeplagten Zeitgenossen ein schlechtes Gewissen zu machen. Auch sie sind bedürftig, nämlich des Trostes und der Ermutigung. Uns alle überfordert das Dasein. In kaum einer anderen Situation wird das so offenbar, wie wenn wir in der beschaulich erleuchteten Kirche sitzen und die alte Geschichte hören, die so beginnt: „Es begab sich aber zu der Zeit ..." (Lukas 2,1).

Was aber den erwartungsvollen Menschen zusprechen? Ich überlege es mir lange, mache mir mehr Mühe als mit jeder anderen Ansprache. Raus kommt dann jedes Jahr das Gleiche: „Es lohnt sich, Gott zu vertrauen."

Der Sinn aller Dinge ist so fern und in unergründlicher Tiefe verborgen. Niemand kann ihn ergründen. Trotzdem habe ich nicht aufgehört, nach Erkenntnis zu streben, und war immer bemüht, zu einem gerechten Urteil zu finden. Ich hoffte, bei meiner Suche zu dem Schluss zu kommen, dass es unvernünftig ist, ohne Gott zu leben, und dass Unvernunft dumm ist. (Prediger 7,24–25)

Das ist Kohelets rhetorische Klasse. Während ich vorsichtig formuliere, um niemand zu verprellen, haut er starke Sätze raus: „Es ist unvernünftig, ohne Gott zu leben." – Ich würde sagen: „Du hast was davon, wenn du Gott vertraust." Aber das hat so ein Geschmäckle, als priese ich den Mehrwert des Glaubens an: Ist es nicht ein strategischer Vorteil, mit jenem in Kontakt zu sein, der alles im Innersten zusammenhält? Glaubenssache.

Ob sich Glaube und Vernunft vertragen, diese leidige Diskussion hat uns die Aufklärung hinterlassen. Gott als Antwort, wenn man keine andere mehr hat, das ist das religionskritische Argument jener, die sich nur oberflächlich mit der Materie befassen. Für denkende Menschen gibt es keinen Widerspruch zwischen Glaube und Vernunft. Zur Christvesper sitzen sie dann aber bunt gemischt in den Bänken: Traditionschristen, Zweifler, Fromme, Spötter, Gottsucher, Atheisten … und manchmal alle Typen vereint in einer Person.

Was wir zu Weihnachten selbst machen, ist schön und tut gut. Doch Geschenke, der Tannenbaum, das Festmahl, nicht einmal der feierliche Gottesdienst können unsere Sehnsucht nach dem verlorenen Paradies stillen. Deswegen lautet die Kunst: Lass dich von Gott beschenken. Und das nicht nur an Feiertagen, sondern in deinem stinknormalen Leben mit all seinen Ergründlichkeiten.

„Der Sinn aller Dinge ist so fern und in unergründlicher Tiefe verborgen. Niemand kann ihn ergründen." Aber ja, lieber Kohelet. Deine Predigt schwingt in meinen mit. Wir existieren in der großen Unsicherheit. Nur eines ist todsicher, der Tod. Das Leben macht allerdings mehr Spaß – hat aber auch seinen Preis. Das Leben erhalten wir als Geschenk. Doch gut zu leben kostet uns Anstrengung. Gut zu leben gelingt uns leichter, wenn wir Gott vertrauen. Das gehe ich alle Jahre wieder neu durch. Die Aufhänger unterscheiden sich, der Inhalt nicht.

Einmal habe ich mit der Gemeinde (wenn auch verkürzt und angepasst) in der Christvesper an Heiligabend das „Gebet des Klosters am Rande der Stadt" der Schweizer Nonne Silja Walter gesprochen. Darin heißt es:

Herr,
jemand muss dich aushalten,
dich ertragen,
ohne davonzulaufen.
Deine Abwesenheit aushalten,
ohne an deinem Kommen
zu zweifeln.
Dein Schweigen aushalten
und trotzdem singen. […]
Weil du Gott bist.
Weil du die großen Werke tust,
die keiner wirkt als du.
Und weil du herrlich bist
und wunderbar wie keiner.

It's a man's world ... and religion

„Eva, ich spreche dich frei, / ich weise den Rufmord zurück, der Ehre und / Freiheit dir abschnitt im Dienste männlicher / Herrschlust dich zum Freiwild erklärte und / zur stimmlosen Magd bis zum heutigen Tag: / Zur Ganzheit sind wir geboren als Töchter / Gottes", so endet das Gedicht „Freispruch für Eva" der Lyrikerin Christa Peikert-Flaspöhler. Dieser einige Jahrzehnte alte Text atmet noch feministischen Kampfgeist, und man könnte meinen, das sei doch nun wirklich ein überwundenes Thema. Die jungen Frauen von heute wachsen anscheinend in eine gleichberechtigte Welt hinein. Die Realität aber ist nicht so rosig.

In der Corona-Pandemie schenkten mir Frauen aus dem Handarbeitskreis viele selbst genähte Masken – meiner Kollegin im geistlichen Amt nicht eine einzige. Ich bekomme schon mal ein Stück Kuchen mit nach Hause, sie nie. Immerhin gibt es in meiner Gemeinde eine Pfarrerin; die römischen Geschwister warten noch darauf.

Die weltlichen Konzerne müssen zu Frauen in der Chefetage gedrängt werden; der deutsche Protestantismus sorgt sich selbst darum. Doch dieses Bemühen wirkt manchmal bemüht. Mir wird übrigens von evangelischen Pfarrerinnen immer mal wieder unterstellt, ich würde Frauen nicht genügend achten: Wenn ich darum bitte, diesen Vorwurf anhand eines Beispiels zu konkretisieren, bleibt am Ende nur ein diffuses Gefühl: „Du warst doch mal katholisch, du kennst es doch nicht anders."

Zu Misogynie – der Abwertung oder Geringschätzung von Frauen – trägt die Religion bei. Wir haben die Muster inhaliert: Von Eva, der Verführerin, bis zu Maria, der unbefleckten Dienerin des Herrn (die allen Frauen als Vorbild dient, den Männern zu dienen). Sie führen zur Benachteiligung, Unterdrückung und Vergewaltigung von Evas Nachkommen.

Der geschätzte Kohelet lebte in einem patriarchalen Umfeld. An ihn dürfen wir nicht die Ansprüche der Gegenwart an die Ebenbürtigkeit der Geschlechter anlegen. Dennoch lese ich folgende Passage mit Unmut:

Dabei fand ich etwas, das noch schlimmer ist als der Tod: eine Frau, die versucht Männer zu verführen. Denn sie ist wie ein Netz, in dem sich das Opfer heillos verfängt, ihr Herz gleicht Schlingen, mit denen man Tiere fängt, und ihre Arme sind wie Fesseln. Wer sich zu Gott hält, kann ihr entkommen, aber wer ohne Gott lebt, geht ihr unweigerlich in die Falle. „Ich bin zu einem Schluss gekommen", sagt der Lehrer. „Ich habe alle meine Erfahrungen zusammengetragen und konnte so zu einem sicheren Urteil finden. Unter tausend Männern fand ich einen einzigen, dem man vertrauen konnte. Unter den Frauen dagegen fand ich keine einzige, der ich mein Vertrauen schenken konnte. Du sollst trotzdem wissen: Gott hat die Menschen aufrichtig und gerecht geschaffen. Die Menschen sind es, die sich mit schlechten Dingen beschäftigen." (Prediger 7,26–29)

It's a man's world, sang James Brown. Sogar der Glaube ist bis heute männlich geprägt. Dass Frauen seit einiger Zeit weibliche Gottesbilder freilegen oder neue entwerfen, davon profitieren wir alle, auch die Männer. Aber die Wirklichkeit ist zäh. Nur, wie sagte einmal so schön meine Freundin Veronika, eine bildende und eine Lebens-Künstlerin: „Kann man nicht die Wirklichkeit abschaffen?" – Man kann. Aber es dauert. Wir arbeiten daran.

Das ledige Kind

Wer also ist nun weise? Wer versteht den tiefen Sinn der Dinge? Die Weisheit macht das Gesicht des Menschen schöner, weil es seinen Zügen die Härte nimmt. (Prediger 8,1)

Frau Schnettler hat ein schönes Gesicht, doch ihre Züge sind angespannt, als sie mir die Wohnungstür öffnet. Sie trägt das Baby auf dem Arm. Mütter von Säuglingen sind einem ziemlichen Stress ausgesetzt. Kein Wunder also, dass ihr Lächeln zur Begrüßung eher flüchtig daherkommt. Wir sind verabredet, und ich bin pünktlich; Florian, das Baby, soll nämlich getauft werden.

Solche Taufgespräche führe ich stets bei den Familien zu Hause. Das ist für die Eltern und das Kind entspannter, und für mich auch. Denn alle Antennen von Mutter und Vater sind auf das Kind ausgerichtet; sich auf ein Gespräch zu konzentrieren fällt den Eltern nicht leicht. Daheim kommen wenigstens nicht noch neue Eindrücke aus einer fremden Umgebung wie dem Pfarrhaus dazu. Außerdem kann ich bestimmen, wann es Zeit ist zu gehen. Lange dauern diese Treffen nie.

Die Mutter hält das Kind auf dem Arm. Auf mein Lächeln reagiert der Kleine nicht. Ich beginne – wie immer – mit meinem Formular. Einige Daten hat unser kirchliches Meldewesen bereits automatisch eingetragen, die lese ich vor. Zum einen, damit die Angehörigen wissen, welche Informationen mir bereits vorliegen. Zum anderen, weil manchmal doch etwas falsch gespeichert wurde.

Nachname, Vorname, Geburtstag, Geburtsort, Anschrift – alles korrekt. Dann steht da noch: Familienstand.

Um einen kleinen Scherz zu machen, der die harten Züge Frau Schnettlers vielleicht etwas zu glätten vermag, frage ich verschmitzt: „Das Kind ist noch ledig?"

Ihr Gesicht verzerrt sich im Nu: „Ja, und das wird auch so bleiben. Ich werde den Vater nicht heiraten! Nie!"

Oha, sie muss mich missverstanden haben. „Ich wollte nur einen dummen Witz machen", gebe ich zu. „Der Junge ist doch noch ledig. Sie sprechen jetzt vom Vater des Kindes."

Dann erzählt sie die traurige Geschichte einer Entfremdung. Während der Schwangerschaft verlor sich das Paar. Das alles möchte ich weder beurteilen noch bewerten. Es ist nur so bedauerlich für Florian. Der kann nun wirklich nichts dafür, wenn sich seine Eltern so sehr verhaken, dass ein Miteinander nicht mehr möglich erscheint. Die große Liebe ist also passé. Wäre denn ein Zusammenfinden in der Elternrolle machbar?

Frau Schnettler fühlt sich von ihrem ehemaligen Partner sehr enttäuscht. Das grämt sie. Ganz dezent lasse ich sinngemäß anklingen: Wir erfahren so viele Kränkungen, die uns das Dasein erschweren. Darauf mit Rachegelüsten zu reagieren ist verständlich, weil menschlich. Hier heißt die Vergeltung: Das Kind gehört mir.

Doch all das Negative macht unser Leben noch schwerer, als es schon ist. Diese Last auf den Schultern kann durch Vergebung leichter werden. Das wäre ein echtes Opfer, zugunsten Florians. Er wird einmal beide brauchen, um leichter ins Leben hineinfinden zu können: Mutter und Vater. Frau Schnettler hört mich nicht. Oder andersherum: Ich erreiche sie nicht.

Rund eine Woche später, am Sonntag der Taufe, muss der Vater in der Kirche in der zweiten Reihe sitzen.

Immerhin gestattet die Mutter sein Dabeisein am Taufbecken. Halten darf er sein Kind nicht. Ich erwähne natürlich nichts von dem, was mir mitgeteilt wurde, und spende Baby, Eltern und Paten einen besonderen Segen.

Dieser Segen möge vor allem Weisheit bewirken. Die Eltern von Florian brauchen sie dringend. Dem Theologen Reinhold Niebuhr wird ein Gebet zugeschrieben, das so passend formuliert. „Gott, gib mir die Gelassenheit, Dinge hinzunehmen, die ich nicht ändern kann, den Mut, Dinge zu ändern, die ich ändern kann, und die Weisheit, das eine vom anderen zu unterscheiden." Beziehungen gehören zum Kompliziertesten, was die menschliche Spezies zu bieten hat. Manches kann man ändern, anderes nicht. Unterscheidung tut not und die braucht Weisheit. Weisheit aber kommt von Gott.

Eine Woche nach der Taufe kommt der Vater noch einmal zur Kirche und bittet um eine zweite Taufkerze. Für ihn selbst, als Erinnerung.

Gebe Gott, Frau Schnettlers schönem Gesicht mögen die harten Züge genommen werden. Allein schon für Florian, das ledige Kind. Ledig heißt nicht nur unverheiratet, es meint eigentlich: frei.

Wem gilt die Treue?

Zu Zeiten der Corona-Pandemie knirschte auf einmal das sonst so gut geölte Verhältnis zwischen Vater Staat und Mutter Kirche. Im Jahr 2020 waren zu Ostern als Maßnahme des Infektionsschutzes alle Gottesdienste untersagt; zu Weihnachten 2020 und Ostern 2021 wurde kein Verbot mehr ausgesprochen, weil es rechtlich nicht haltbar gewesen wäre. Jedoch baute man Druck auf, doch freiwillig auf alle liturgischen Versammlungen zu verzichten. Bis Heiligabend mittags rechnete ich noch mit einem Anruf, ich müsse die Andachten absagen. Dabei ging das Hygienekonzept meiner Kirchengemeinde noch weit über die staatlichen und kirchlichen Vorschriften hinaus; wir hielten deswegen Präsenz-Christvespern für verantwortbar und feierten sie auch. Andere Kirchengemeinden entschieden anders.

Klar ist, die Beziehung zwischen Kirche und Staat unterliegt auch in den westlichen Demokratien gewissen Schwankungen. Entsprechend dem Subsidiaritätsprinzip braucht der Staat funktionierende Kirchen. Er kann kein Interesse an schwachen Kirchen haben, will aber im Zweifelsfall deutlich machen, wer das Sagen hat. Den Sonderrechten der Kirchen werden ihre Grenzen aufgezeigt.

Spontan wollte ich seinerzeit jenem nordrheinwestfälischen Minister schreiben, der öffentlich zur Absage aller Gottesdienste aufgerufen hatte. Ich hätte ihm gern von jenen Seniorinnen und Senioren erzählt, die an Weihnachten ohnehin allein sind; ohne die kurze Andacht in der Kirche wäre ihre Einsamkeit noch größer gewesen. Da hilft auch kein Online-Gottesdienst am

Bildschirm. Immerhin, ich wusste: Ich hätte ihm schreiben und meine Sicht darlegen können. Wir wären vielleicht in einen respektvollen Austausch getreten. Ich darf davon ausgehen, wir beide können divergierende Positionen aushalten.

Das war ja nicht immer so in Deutschland. Zur Zeit des Faschismus gab es keinen demokratischen Konsens. Der Staat verlangte einen Gehorsam, der ihm nicht zustand. Die Kirche – katholisch wie evangelisch – war zerrissen in verschiedene Strategien: Die einen folgten euphorisch den nationalsozialistischen Ideen, im Glauben, Gott selbst erweise darin seine Macht. Wenige gingen in den Widerstand. Die meisten versuchten sich mittels Stillhalten durchzulavieren.

Das moralisch zu beurteilen steht mir nicht zu. Das aber zu verstehen – das wäre schon mal was! Paulus und Luther lieferten Argumente, man müsse dem Staat gehorchen. Und auch Kohelet stößt in dieses Horn:

Ich empfehle dir: Gehorch dem König, denn du hast ihm vor Gott Treue geschworen. Versuch nicht, dich deiner Pflicht zu entziehen, und lass dich nicht in irgendeine üble Sache verwickeln. Denn der König kann das machen, was er will. Wenn er etwas sagt, hat er auch die Macht es durchzusetzen. Es darf ihn auch niemand zur Rechenschaft ziehen für das, was er tut. Wer ihm gehorcht, dem geht es gut. Wer weise ist, weiß, welches Verhalten zu welcher Zeit richtig ist. Denn in jeder Situation gibt es die richtige Zeit für die richtige Entscheidung. Allerdings leidet der Mensch darunter, dass er im Ungewissen ist, wie sich die Dinge entwickeln werden. Es gibt auch niemanden, der ihm vorhersagen könnte, was die Zukunft bringt. Kein Mensch hat die Macht, dem Wind die Richtung vorzuschreiben oder den Wind fest-

zuhalten. Es ist auch kein Mensch in der Lage, seinen Todestag hinauszuzögern. Während des Krieges kann kein Soldat vom Dienst befreit werden. Und wer das Gesetz übertritt, kann den Folgen nicht entgehen. (Prediger 8,2–8)

In die Aufarbeitung ihrer unseligen Rolle in der Zeit des Faschismus haben die Kirchen viel Energie gesteckt. Öffentliche Schuldbekenntnisse gab es nach dem Krieg und danach immer wieder. Vor allem aber haben die Kirchen ein neues Verhältnis zum Staat entwickelt. Der „König" als personifizierter Staat kann nicht machen, was er will. Wenn er Dinge tut, die dem christlichen Ethos zuwiderlaufen, ist Widerstand nicht nur erlaubt, sondern gefordert. Kohelet sagt ganz richtig: „Wer weise ist, weiß, welches Verhalten zu welcher Zeit richtig ist." Es gibt Zeiten, da müssen die Christen laut Nein sagen. Die Treue zu Gott steht immer höher als die Treue zum „König".

Bereits 1934 hat die Bekennende Kirche ihre „Barmer Thesen" formuliert (die maßgeblich Karl Barth ins Wort gebracht hat). Sie waren bis 1945 keine Garantie für stets richtiges Verhalten. Doch bis heute drücken sie das Richtige aus. In der Evangelischen Kirche im Rheinland zählt die Barmer Theologische Erklärung zu den Bekenntnisschriften, auf die Pfarrerinnen und Pfarrer ordiniert werden. Die III. These lautet:

„Die christliche Kirche ist die Gemeinde von Brüdern, in der Jesus Christus in Wort und Sakrament durch den Heiligen Geist als der Herr gegenwärtig handelt. Sie hat mit ihrem Glauben wie mit ihrem Gehorsam, mit ihrer Botschaft wie mit ihrer Ordnung mitten in der Welt der Sünde als die Kirche der begnadigten Sünder zu bezeugen, dass sie allein sein Eigentum ist, allein von seinem Trost und von seiner Weisung in Erwartung seiner Erscheinung lebt und leben möchte.

Wir verwerfen die falsche Lehre, als dürfe die Kirche die Gestalt ihrer Botschaft und ihrer Ordnung ihrem Belieben oder dem Wechsel der jeweils herrschenden weltanschaulichen und politischen Überzeugungen überlassen."

„Denn in jeder Situation gibt es die richtige Zeit für die richtige Entscheidung", so Kohelet. Es ist längst die richtige Zeit für die richtige Entscheidung, sich von seinen Vorstellungen in Sachen Königstreue zu verabschieden. Der Staat, das sind wir alle. Wir müssen geduldig und achtsam miteinander um das ringen, was wir für richtig halten. Im besten Fall schafft die Corona-Pandemie ein neues Bewusstsein für unser aller politische Verantwortung.

Vergänglich wie ein Schatten

Wir sitzen in einer gemütlichen Kaffeerunde. Das Thema kommt auf die Missbrauchsfälle in der Kirche. Nicht gerade unterhaltsam, aber immer neue Enthüllungen schockieren uns. Eine aus dem Kreis fragt Martin: „Sag mal, du warst doch in den Sechzigerjahren in diesem kirchlichen Internat. Hast du da was mitbekommen?" Alle schauen Martin an. Er antwortet einsilbig: „An mich sind die nicht drangegangen, wenn die nachts in den Schlafsaal kamen …, aber den Jungen neben mir haben sie immer mitgenommen." Bestürzung lässt uns schweigen. Nach einer kurzen Stille preist die Gastgeberin abermals ihren Kuchen an.

Alle Teilnehmenden waren wohl zutiefst berührt. Ich dachte an den Jungen neben ihm, den es traf. Aber auch an Martin: Das verängstigte Kind, froh, davongekommen zu sein. Mit schlechtem Gewissen, dem anderen nicht beistehen zu können. Zur Stummheit verdammt, denn darüber sprach man damals nicht. Was nicht sein darf, das kann nicht sein.

Das alles wurde mir bewusst, als ich beobachtete, wie es auf der Erde zugeht: Ein Mensch darf über andere herrschen, sodass diese darunter leiden. Und ich sah, dass Menschen, die nie nach Gott gefragt hatten, mit großen Ehren begraben wurden und ihre Ruhe hatten, während andere, die so lebten, wie es dem Willen Gottes entspricht, aus der Nähe des heiligen Tempels vertrieben wurden und in einer fremden Stadt in Vergessenheit gerieten. Auch das ist sinnlos! Weil die Verbrechen nicht sofort bestraft werden, fühlen sich die Menschen zu bösen Taten ermutigt. Auch wenn ein

Mensch, der 100-mal sündigt, trotzdem ein hohes Alter erreicht, so weiß ich dennoch, dass es denen, die Gott lieben, gut gehen wird, weil sie ihn ernst nehmen und ehren. Dem Menschen dagegen, der von Gott nichts wissen will, wird es nicht gut gehen, er kann sein Leben auch nicht verlängern; er ist vergänglich wie ein Schatten, weil er keine Ehrfurcht vor Gott hat. (Prediger 8,9–13)

Verbrechen werden nicht sofort bestraft, manchmal sogar nie. Täter genießen große Ehren, während ihre Opfer leiden. Solches Unrecht tut weh. Kohelets Wunsch ist nachvollziehbar: Dem Menschen, der von Gott nichts wissen will – also dem Sünder –, soll es nicht gut gehen. Was aber, wenn doch? Wenn er wohlhabend ist, gesund, angesehen und ein mit Macht ausgestattetes kirchliches Amt bekleidet? Dann ist der Zweifel an Gottes Gerechtigkeit gerechtfertigt. Sollte ich mich wundern, dass Martin nicht an den „lieben Gott" glauben kann und schon längst aus der Kirche ausgetreten ist?

Meine Gedanken und Gebete gehen nicht zu denjenigen, die damals den Jungen missbrauchten. Sie mögen irdischer und himmlischer Gerechtigkeit überantwortet werden. Was aber ist aus dem armen Burschen aus dem Nachbarbett geworden? Hoffentlich konnte er die traumatischen Erfahrungen bewältigen. Und Martin? Vielleicht hätte er nie darüber gesprochen, wenn in der Kaffeerunde nicht unbedarft gefragt worden wäre.

Kein Trost: Die Übeltäter sind „vergänglich wie ein Schatten". Mit Ernesto Cardenal will ich zu Gott rufen: „Wie lange noch, Herr, wirst du neutral sein? Wie lange teilnahmslos zusehen?"

Freudenlied und Zorngesang

Hiob gibt es wirklich. Der Hiob in der Bibel ist zwar eine symbolische Figur. Aber was er durchgemacht hat, das bleibt auch Menschen heute nicht erspart. Frau Kopp aus Nürnberg ist wirklich geschlagen, wir kennen uns über verschlungene Wege.

Der Mann: ein Spieler, der alles verzockt.
Vater und Schwester sind schwer krank, leben in unterschiedlichen Städten – und sterben am gleichen Tag.
Die jüngere Tochter erhängt sich.
Frau Kopp hat Rheuma.
Die ältere Tochter erleidet einen Schlaganfall und muss ins Pflegeheim, weil sich deren Ehemann nicht um sie kümmert.

Frau Kopp ist eine gottesfürchtige Katholikin. Aber irgendwann kann sie nicht mehr.

> *Das ergibt auch keinen Sinn auf dieser Welt: Es gibt Menschen, die leben gerecht und werden trotzdem mit einem Schicksal bestraft, das eigentlich derjenige verdient hätte, der falsch und böse lebt. Ich kann nur sagen, dass das einfach sinnlos ist! Deshalb singe ich ein Loblied auf die Freude! Es gibt für einen Menschen nichts Besseres auf der Welt, als dass er isst und trinkt und sich an seinem Leben freut. Das wird ihn während seines ganzen Lebens, das Gott ihm gibt, und trotz aller Mühe, die mit seiner Arbeit verbunden ist, begleiten.* (Prediger 8,14–15)

Ein Loblied auf die Freude kann Frau Kopp nicht singen. An Essen und Trinken mangelt es ihr nicht. Aber der Rest ihrer Existenz versinkt in Unsicherheit. Ihr Leben ist ihr eine Last, keine Lust. Sie leidet wie Hiob.

Im gleichnamigen Roman von Joseph Roth beschreibt er den frommen orthodoxen Juden Mendel Singer, dem – wie Hiob – alles genommen wird. Der gottesfürchtige Mann geht in den Aufstand. Roth erzählt: „Sein Herz war böse auf Gott, aber in seinen Muskeln wohnte noch die Furcht vor Gott. Fünfzig Jahre, Tag für Tag, hatten diese Hände den Gebetmantel ausgebreitet und wieder zusammengefaltet, die Gebetriemen aufgerollt und um den Kopf geschlungen und um den linken Arm, dieses Gebetbuch aufgeschlagen, um und um geblättert und wieder zugeklappt. Nun weigerten sich die Hände, Mendels Zorn zu gehorchen. Nur der Mund, der so oft gebetet hatte, weigerte sich nicht. Nur die Füße, die oft zu Ehren Gottes beim Halleluja gehüpft hatten, stampften den Takt zu Mendels Zorngesang."

Mendel stimmt einen Zorngesang an, kein Loblied auf die Freude. Und doch ist er selig zu nennen, weil er mit Gott in Kontakt bleibt. Im Kampf! Obwohl so vieles „keinen Sinn auf dieser Welt" ergibt, wie Kohelet wieder treffend formuliert. Wohl allen, die sich trotzdem erfreuen können am Dasein – dankbar für alles, was ihnen gelingt und möglich ist, die nicht vergleichend schielen auf den Erfolg der anderen und keine Bitterkeit kennen, weil nicht alle Blütenträume reiften.

Nur, solcherlei Erwägungen erreichen doch nicht Frau Kopp aus Nürnberg. Mühe und Arbeit scheut sie nicht. Doch das Vakuum nagt an ihr. Sie ist mit Überleben ausgelastet.

Ich bete für sie.

Niemand kann nachvollziehen, was Gott auf dieser Erde tut

„Die vollkommenen Weisen des Altertums kannten weder die Liebe zum Leben noch den Hass auf den Tod. Der Eintritt ins Leben war für sie kein Grund zur Freude, der Austritt aus ihm rief keinen Widerstand hervor. Sie kamen und gingen in Gelassenheit. Sie vergaßen nicht ihren Anfang, noch fragten sie nach ihrem Ende. Sie nahmen ihr Leben hin und freuten sich daran; sie vergaßen jegliche Furcht vor dem Tod und kehrten zurück zu dem Zustand vor ihrem Leben. Es lag ihnen fern, dem Weltgesetz zu widerstreben und den geringsten Versuch zu machen, mit menschlichen Mitteln das Göttliche befördern zu wollen."

Von diesen nachahmenswerten Weisen erzählt der chinesische Philosoph und Dichter Zhuang Zi (= Meister Zhuang, auch als Chuang-tzu übertragen) bereits im 4. Jahrhundert vor Christus. Schon zu seiner Zeit scheinen Menschen selten gewesen zu sein, die solch eine besonnene Einstellung zu ihrer Existenz aufbringen konnten. Heutzutage sieht es ja nicht besser aus. Wer wäre zu diesem Maß an Gelassenheit fähig? Dennoch habe ich früher als Trauerredner gern dieses Zitat verwendet. Nicht um den Abstand zwischen uns Elenden und den wahren Weisen herauszustellen, sondern zur Erweiterung der Perspektive: Man kann auch alles ganz anders sehen. Weniger verkrampft. „Sie nahmen ihr Leben hin und freuten sich daran; sie vergaßen jegliche Furcht vor dem Tod und kehrten zurück zu dem Zustand vor ihrem Leben" – diese Maxime ist mit Kohelets Lebensbewältigungsstrategie durchaus vereinbar. Grübeln und Jammern bringt nichts, das göttliche Weltgesetz nimmt seinen Lauf, das weiß auch der Prediger:

> *Ich habe versucht, zur Erkenntnis der Weisheit zu gelangen und alles, was auf der Erde geschieht, zu beobachten. Aber selbst wenn sich der Mensch Tag und Nacht keinen Schlaf gönnt, wird er nie alles nachvollziehen können, was Gott auf dieser Erde tut. Wie sehr er sich bemüht, wie sehr er forscht, er wird es nicht ergründen können. Nicht einmal der weiseste Mensch kann es verstehen, selbst, wenn er es behauptet.* (Prediger 8,16–17)

Wenn ich mein Adressbuch durchschaue, dann finde ich da nicht eine einzige Person, die es mit den „wahren Weisen des Altertums" aufnehmen könnte, von denen Zhuang Zi berichtet. Aber da stehen viele Namen von Zeitgenossen, die trotzdem auf ihre Art weise sind: Weil sie eben nicht behaupten, alles verstehen zu können. Weil sie sich mit ihrer Unwissenheit versöhnen. Weil sie nach Kräften bemüht sind, anderen und sich selbst das Leben ein wenig angenehmer zu machen. Weil sie Gott vertrauen, dennoch.

„Ehrfurcht vor dem Herrn ist der Anfang wahrer Weisheit. Klug sind alle, die sich danach richten. Sein Lob hört niemals auf" (Psalm 111,10).

Unbedachte

Alexander Pinowski, Evelyn Fahr, Maik Schütte … vierzig Namen werden verlesen. Ich kenne keinen davon. Es handelt sich um Unbedachte – Menschen ohne Dach, Obdachlose. Solche, die keinen haben, der sich um sie kümmert, solche, an die keiner mehr denkt. Die Stadt übernimmt ihre Bestattung. In Bonn sind es rund einhundertzwanzig im Jahr.

Doch es waren Menschen wie wir, mit Gefühlen, mit Freuden und Leiden. Mit Träumen. Hier, im ökumenischen Gottesdienst für Unbedachte, gedenken wir dieser Leute, die einen Namen trugen. Wir – etwa dreißig Christinnen und Christen verschiedener Konfessionen – legen am Samstagmittag in der Namen-Jesu-Kirche Zeugnis ab von der Hoffnung, dass Gott ihre Namen kennt und sie beim Namen ruft.

Was mag passiert sein, wenn jemand ganz aus dem sozialen Beziehungsgeflecht eines Lebens herausgefallen ist? Wenn alle Kontakte abgebrochen oder zumindest nicht mehr tragfähig sind? Krankheit, Sucht, Scheidung, Insolvenz, Unwillen oder Unfähigkeit, Verantwortung für das eigene Leben zu übernehmen; die Faktoren werden vielfältig sein. Ich habe sie nicht zu beurteilen.

Ich habe über das alles nachgedacht und habe erkannt, dass die Gerechten und die Weisen in Gottes Hand sind, sie selbst und das, was sie tun. Der Mensch weiß nicht, was ihn in der Zukunft erwartet – Liebe oder Hass. Letztlich trifft jeden das gleiche Schicksal: den Gerechten wie den Gottlosen, den Reinen wie den Unreinen, den, der seine Opfer bringt, genauso wie den, der nicht opfert. Dem Guten wird es nicht anders ergehen als dem, der Böses tut, dem, der sich durch einen Schwur bindet, nicht anders als dem, der das nicht tut. (Prediger 9,1–2)

Die Gerechten und Weisen sind in Gottes Hand. Für mich drängt sich die Frage auf: Und die anderen? Versagt ihnen Gott aus Strafe seine Fürsorge und Zuneigung? – Ich frage aus reinem Eigennutz, bin ich doch selbst weder ganz gerecht noch ganz ungerecht.

Dass die einen genauso sterben wie die anderen, unabhängig davon, ob sie den Ansprüchen eines „ordentlichen Lebens" genügen, mag die Braven beunruhigen, ja irritieren. Vielleicht gibt es den anderen jedoch die Empfindung von göttlicher Gerechtigkeit: Wenigstens der Tod trifft alle gleich. Wobei wir ja sehr unterschiedlich sterben. Die einen entschlafen sanft, die anderen verrecken elend.

Noch gravierender sind die Unterschiede im Leben vor dem Tod. Die einen leben mehr auf der Sonnenseite, die anderen im Schatten. Den Schattenmenschen Licht zu bringen ist die Berufung aller, die für Gott empfänglich sind. Die französische Mystikerin Madeleine Delbrêl lebte nicht in Einsamkeit und Stille, sondern in einem sozialen Brennpunkt bei Paris. Sie erinnerte immer wieder daran, dass Gott lieben bedeutet: Menschen lieben. Delbrêl schreibt: „Vielleicht empfinden wir ein gewisses Vergnügen, / wenn wir zu einer großartigen Demut gelangen, / zu einer unbesiegbaren Anspruchslosigkeit, / zu einem unerschütterlichen Gehorsam, / zu einer außerordentlichen Reinheit; / das kann ein Gefühl der Zufriedenheit geben. / Aber wenn uns die Demut, / die Armut, die Reinheit, der Gehorsam / nicht zu gütigen Menschen machen, / wenn die Leute im eigenen Haus, / in unserer Straße, in unserer Stadt / immer noch hungern und frieren, / immer noch traurig und niedergeschlagen sind, / immer noch einsam dahinleben, / dann sind wir vielleicht Helden, / aber wir gehören nicht zu jenen, / die Gott lieben."

„Letztlich trifft jeden das gleiche Schicksal" – man könnte Kohelets Feststellung als Anfrage nehmen, ob sich denn ein Engagement für andere überhaupt rentiere, wenn es an der Tatsache der eigenen Sterblichkeit nichts ändert. Oder, in christlicher Ausdrucksweise: Wird der Einsatz für Benachteiligte am Ende auch sicher belohnt? – Wer so fragt, hat nichts verstanden.

Diejenigen, die den Gottesdienst für Alexander Pinowski, Evelyn Fahr, Maik Schütte und andere Unbedachte feiern, erinnern an die Würde jedes Einzelnen und setzen sich für ein besseres Leben der Menschen am Rand der Gesellschaft ein. Hier und jetzt. Wie gut, dass es einen Gottesdienst für die Unbedachten gibt, in Bonn und an vielen anderen Orten. Wie bedauerlich, dass es einer solchen Initiative überhaupt bedarf.

Genießen geboten!

Der moderne Mensch glaubt, er wüsste es besser. Freilich, im naturwissenschaftlichen Bereich vermehrt sich das Wissen rasant. Doch in den Grundfragen des Menschen sind wir in den letzten Jahrtausenden nicht wirklich vorangekommen. Das zeigt uns die Geschichte des sagenhaften sumerischen Königs Gilgamesch, der um 2700 vor Christus in Uruk (heute: Warka, Irak) mit starker Hand geherrscht haben soll – nicht nur über seine Untertanen; er nimmt es auch mit Riesen und Ungeheuern auf. Denn Gilgamesch (sein Name bedeutet „Der Alte ist ein junger Mann") ist zu zwei Dritteln Gott und zu einem Drittel Mensch. Aus Angst vor dem Tod zieht er aus, um das Geheimnis der Unsterblichkeit zu finden. Damit treiben Gilgamesch die gleichen Gedanken um wie uns heute. Ein Stück von ihm steckt in jedem.

Seine Geschichte, das Gilgamesch-Epos, zählt zu den ältesten Sagen der Menschheit und nimmt die Urthemen aller Literatur vorweg: Ich, Liebe, Tod, Macht und Naturgewalt. Gilgamesch macht sich auf die Suche nach Utnapischtim, das ist Noah, der die Sintflut überlebte. Nach vielen Abenteuern findet er den Patriarchen. Der zeigt ihm, wie er die magische Rose finden kann, die ewiges Leben verspricht. Die Blume wird Gilgamesch jedoch von der Schlange gestohlen, die sich seither häuten und so erneuern kann. Schließlich trifft Gilgamesch auf die große Göttin Siduri Sabitu, eine Schankwirtin. Sie offenbart ihm die Wahrheit: Die missgünstigen Götter haben alle Menschen zum Sterben verurteilt. Er soll seine Suche nach Unsterblichkeit aufgeben, lieber heimkehren und dort das

Schöne am Dasein auf Erden genießen, solange er kann. Sie rät ihm:

„Gilgamesch, wohin läufst du? Das Leben, das du suchst, wirst du sicher nicht finden! Als die Götter die Menschheit erschufen, teilten den Tod sie der Menschheit zu, nahmen das Leben für sich in die Hand. Du, Gilgamesch – dein Bauch sei voll, ergötzen magst du dich Tag und Nacht! Feiere täglich ein Freudenfest! Tanz und spiel bei Tag und Nacht! Deine Kleidung sei rein, gewaschen dein Haupt, mit Wasser sollst du gebadet sein! Schau den Kleinen an deiner Hand, die Gattin freu' sich auf deinem Schoß! Solcher Art ist das Werk der Menschen!"

Viele Interpretationen sehen in der Sage die Darstellung der Grundprobleme unserer Existenz: das Ringen mit den Naturgewalten; die gesellschaftlichen Machtkämpfe; Sexualität und Liebe als Ausdruck und zugleich Überwindung der rohen Triebe; die Mühe, den Tod als Teil des Lebens zu akzeptieren; immer wieder das Stoßen an die eigenen Grenzen. Psychologische Deutungen halten die Geschichte für eine Darstellung des Weges zum Bewusstsein des Selbst.

Älteste Funde des überlieferten Textes – von dem mehrere Versionen erst später zusammengefasst wurden – stammen aus dem 18. Jahrhundert vor der Zeitenwende. Im 7. Jahrhundert vor Christus ließ der Assyrerkönig Aschurbanapli das Epos auf großen Tafeln in seiner Hauptstadt Ninive aufstellen. Bis heute fasziniert die Geschichte von Gilgamesch als Ausdruck des menschlichen Willens, sein Schicksal verstehen zu wollen.

Ob der Weisheitslehrer Kohelet das Epos kannte? Er scheint daraus zu zitieren:

Es ist schlimm, dass jeden hier auf dieser Erde das gleiche Schicksal trifft; auch dass das Herz des Menschen durch und durch böse ist und dass sein Herz erfüllt ist von Unverständnis, solange er lebt. Und am Ende müssen alle sterben. Für den, der noch nicht gestorben ist, gibt es noch Hoffnung. Denn selbst ein lebendiger Hund ist besser dran als ein toter Löwe. Die Lebenden wissen noch, dass sie sterben werden, die Toten wissen gar nichts mehr. Sie bekommen keine Belohnung mehr, sie sind von allen vergessen. Sie können nicht mehr lieben, nicht mehr hassen und nicht mehr nach etwas streben – das alles ist vorbei. Sie werden nie mehr beteiligt sein an dem, was auf der Erde geschieht. Deshalb: Iss, trink und sei fröhlich dabei. Denn Gott gefällt dein Tun seit Langem! Trag saubere Kleidung und pfleg dein Gesicht mit Salbe. Sei glücklich mit der Frau, die du liebst; genieß jeden flüchtigen Tag deines kurzen Lebens, das Gott dir auf dieser Erde gegeben hat. Denn das ist der Lohn, den du für deine irdischen Mühen bekommst. Tu alles, was du mit deiner Kraft bewirken kannst. Denn wenn du erst einmal im Totenreich bist, gibt es weder Tun noch Gedanken, weder Erkenntnis noch Weisheit. (Prediger 9,3–10)

Den Tod zu akzeptieren ist keine leichte Aufgabe. Der Gedanke an ein ewiges Leben liegt Gilgamesch und Kohelet fern. Sie sind diesseitig ausgerichtet, hier und heute soll der Mensch leben. Und er macht sich bewusst, dass er lebt, wenn er sich's gut gehen lässt.

Ich ahne, was die beiden meinen: Ein köstliches Mahl mit Freunden … Nach dem Aperitif einen Salat zur Vorspeise oder eine Suppe. Dann gegrillten Fisch oder vegetarische Lasagne oder rheinischen Sauerbraten oder was auch immer. Ein Dessert darf nicht fehlen, Rote Grütze, Tiramisu, auch ein Stück Kuchen ist willkommen. Wasser, Wein oder Bier, ein Verdauungsschnaps, Espresso zum Abgang … Erzählen, lachen, diskutieren. Da lebe ich auf, da spüre ich mich, da bin ich versöhnt mit meiner Sterblichkeit. Frisch gebadet, gut duftend, in schöner Kleidung – so lässt es sich aushalten. Und in der erotischen Begegnung erfährt sich der Mensch in einer absoluten Unmittelbarkeit wie sonst nirgends.

Genießen ist nicht nur erlaubt, sondern geboten. Damit wir spüren: Wir leben! „Denn selbst ein lebendiger Hund ist besser dran als ein toter Löwe."

Keiner hat alles

In wenigen Monaten wäre der Kollege hundert Jahre alt geworden. Aber nun nahm seine Schwäche rasant zu. Ich besuchte den alten Pfarrer drei Tage vor seinem Tod in der Klinik. Noch einmal erzählte er mit brüchiger, aber von Freude erfüllter Stimme von seinem Dienst im Weinberg des Herrn. Miteinander beteten wir Psalm 23 und das Vaterunser und feierten das Abendmahl. Ihm fiel es schwer, die müden Augen offen zu halten. In der Tür des Krankenzimmers verabschiedete ich mich: „Auf Wiedersehen, lieber Bruder!" Er erwiderte: „Ja, hier oder drüben."

Da war einer im Reinen mit sich und seinem Leben, im Reinen auch mit Gott. So versöhnt sterben nicht alle. Oft erwecken Angehörige von Verstorbenen den Eindruck, ihre Lieben seien um Leben betrogen worden, was Länge und Qualität angeht. Ihnen hätte von allem etwas Besseres oder wenigstens mehr zugestanden, aber das Schicksal habe es nicht gut gemeint. Das Schicksal oder Gott? Die Enttäuschungen sind groß.

Auch ich frage mich: Warum ist Edgar nicht Bürgermeister geworden? Wieso findet Susanne keinen Partner? Wie gemein, dass Toshis wissenschaftliche Laufbahn durch Krankheit ausgebremst wird. Klara hätte die Chefposition zugestanden, die nun jemand anders besetzt. Die Bücher von Reza sind ganz wunderbar, doch sie verkaufen sich nicht oft genug. Bin ich selbst zufrieden mit meinem Leben?

Noch etwas habe ich in dieser Welt beobachtet: Nicht immer gewinnt der schnellste Läufer das Rennen, nicht immer siegt der mutigste Krieger im Kampf. Die Weisen haben oft nichts zu essen, die Klugen sind nicht immer reich, und die Gebildeten sind nicht unbedingt beliebt. Sie sind alle abhängig von Zeiten und Umständen. Kein Mensch weiß, wann seine Zeit gekommen ist. Die Menschen werden vom Unglück überrascht, wenn es plötzlich über sie kommt, genauso wie sich Fische im Netz verfangen oder Vögel von einer Schlinge erfasst werden. (Prediger 9,11–12)

„So ist die Welt, was soll das Lamentieren?
Ein Feuerwerk und irgendwann ist Schluss.
Bis dahin will ich jeden Tag probieren
was Leben heißt. Gib mir noch einen Kuss!"

So dichtete ich vor einigen Jahren den Refrain eines Liedes. Doch habe ich die propagierte Gelassenheit wirklich verinnerlicht? Mir scheint, mein Glaube an Gott erschwert mir den gewünschten Gleichmut. Irgendwie schwelt die vage Hoffnung, Gott könne doch – wo er mich doch so liebhat – den Lauf der Dinge zu meinen Gunsten beeinflussen. Ein wenig nur. Komm schon, bittebitte …

Aber ich möchte wie der fast hundertjährige Mitbruder im Reinen sein mit dem, was ist und war – und eben auch nicht. Da hilft die klare Ansage von Joachim Hake, der Kohelet applaudiert hätte. Der Direktor der Katholischen Akademie in Berlin notiert in seinem Buch „Trost und Staunen": „Das Erste wäre: ungetröstet leben zu lernen. Um Gott nicht zu nahe zu treten und ihn nicht falsch für unsere Wünsche und Sehnsüchte in Anspruch zu nehmen. Ihn nicht zu verwechseln mit unseren Vorstellungen von ihm, mit denen wir die Mitmenschen nicht selten verrückt machen und uns gegenseitig auf die Nerven gehen. Unsere selbstgemachten Projektionen bringen uns immer wieder um das Leben, das Staunen und um die Liebe auch dort, wo es gut läuft, und sie helfen kaum, wo uns die Krankheiten, der Verrat und die Katastrophen heimsuchen. Also: lerne ungetröstet leben, mach dir keine Illusionen und hoffe auf Gott."

Hake geht in Kohelets Spuren. Leicht umzusetzen sind diese edlen Tipps nicht. Aber wem es gelänge, dem würde das Leben leichter.

Weisheit ist besser als Stärke

Dietrich Bonhoeffer schrieb am 30. April 1944 seinem Freund Eberhard Bethge: „Was mich unablässig bewegt, ist die Frage, was das Christentum oder auch wer Christus heute für uns eigentlich ist. Die Zeit, in der man das den Menschen durch Worte – seien es theologische oder fromme Worte – sagen könnte, ist vorüber; ebenso die Zeit der Innerlichkeit und des Gewissens, und d. h. eben die Zeit der Religion überhaupt. Wir gehen einer völlig religionslosen Zeit entgegen; die Menschen können einfach, so wie sie nun einmal sind, nicht mehr religiös sein."

Bei einem Treffen der Quäker – einer Glaubensgemeinschaft, die vor rund 350 Jahren in England entstand – wird offensichtlich, wie hellsichtig Bonhoeffer war. Viele traditionelle Begriffe des Christentums sind hier obsolet. Die britischen Quäker wollen das Wort „Gott" in ihren Verlautbarungen nicht mehr nutzen, erzählt einer, der sich selbst als Atheist bezeichnet. So wie ich ihn verstanden habe, meint er das im eigentlichen Sinne: An den definierten Gott der christlichen Überlieferung glaubt er nicht mehr.

Bonhoeffer problematisierte bereits vor 75 Jahren scharfsinnig, was uns erwartet. Bei den Quäkern tritt nur offen hervor, was in den anderen Kirchen auch nicht anders aussieht: der Traditionsabbruch. Bonhoeffers Theologie ist indes weniger populär als seine Poesie: „Von guten Mächten wunderbar geborgen" – das singt sich leicht, damit lässt man sich gern trösten. Der Vertrauen stiftende Zuspruch kann problemlos goutiert werden. Aber Bonhoeffers Gedankenwelt geht doch weit über dieses Gedicht hinaus! Seine Analyse ist radikal.

Bonhoeffer wird heute – ich betone: zu Recht! – wie ein evangelischer Heiliger verehrt. Was aber, wenn er den Nazi-Terror überlebt hätte? Wäre er wirklich die starke Stimme im Nachkriegsprotestantismus geworden? Oder hätten sich nicht dennoch jene Pragmatiker durchgesetzt, die vor allem darauf bedacht waren, der evangelischen Kirche eine starke und gefestigte Position im „neuen" Deutschland zu verschaffen?

Ich habe noch etwas beobachtet. Es erschien mir beispielhaft für die Weisheit dieser Welt und es hat mich beeindruckt: Es handelte sich um eine kleine Stadt mit wenigen Männern. Ein mächtiger König zog heran, um sie zu umzingeln und zu belagern. In dieser Stadt lebte ein armer, weiser Mann. Dieser hätte die Möglichkeit gehabt, die Stadt mithilfe seiner Weisheit zu retten. Aber keiner beachtete den armen Mann. Da sagte ich mir: Weisheit ist besser als Stärke. Trotzdem achtet niemand auf die Weisheit eines Armen; niemand hört auf das, was er sagt. Die Worte eines Weisen, die man sich in Ruhe anhört, sind immer mehr wert als das Geschrei eines Herrschers unter Dummköpfen. Weisheit ist besser als Waffen, aber ein einziger Sünder kann viel Gutes zerstören. (Prediger 9,13–17)

Kohelet erzählt hier wie von einem Märchen: Keiner beachtet den armen, weisen Mann – dabei hätte genau er helfen können. Der Prediger erwähnt nicht, was man stattdessen unternahm. Wurde dem starken König verzweifelt Widerstand geleistet, bis die Stadt unterlag? Oder ergab man sich sofort?

Das Bild vom Krieg wäre schief, aber auch die gegenwärtige Kirche befindet sich in einer Bedrohungslage. Die „kleine Stadt" des Glaubens ist in Gefahr. Der Angreifer ist jedoch nicht in erster Linie ein Feind von außen, auch nicht der unfassbare „Zeitgeist". Das Phänomen, das wir mit Begriffen wie „Christentum", „Gott" oder „Religion" umreißen, zerfällt von innen heraus. Doch wen fragt man in der Not? Nicht die stillen Klugen, sondern die Macher: Katholisch wie evangelisch wird das Heil in neuen Organisationsstrukturen der Institution gesucht.

„Weisheit ist besser als Stärke" – aufgrund dieser kühnen These des Predigers ließe sich ja auch einmal darüber nachdenken, ob die Stärke des Glaubens wirklich in seiner Stärke liegt, also in Masse und großen Zahlen. Die Menge der Mitglieder, der Pfarrerinnen und Pfarrer, der Gebäude, der Kirchensteuer muss doch nicht der Maßstab für die Bedeutung des Christentums im 21. Jahrhundert sein. Das lehren uns die Weisen. Solche besetzen allerdings selten kirchleitende Positionen, da herrscht ökumenische Einigkeit.

Die richtigen Antworten für heute hat niemand allein. Den „einen" weisen Mann gibt es nicht. Wir müssen geduldig miteinander umgehen und die Vielstimmigkeit unseres Erkennens und Wollens respektieren. Wir werden sehen: Da sind Frauen und Männer, Junge und Alte, Leute, die nicht groß wahrgenommen werden, die aber etwas Sinnvolles beitragen können zur Zukunft der Kirche. Davon profitieren alle. Wie von einem anderen Mann aus der Quäkerrunde. Nach der schweigenden Andacht stellen wir uns einander vor. Er sagt: „Ich heiße Ludwig, bin Gärtner und eigentlich evangelisch. Aber die reden mir zu viel."

Wir reden zu viel, wir schweigen zu wenig. Achten wir mehr auf die Stillen, die Nachdenklichen, die Mystiker. Die adretten Managertypen verkaufen uns die Digitalisierung der Kirche als Weg zum Heil. Sie selbst ist doch keine Botschaft, sondern nur eine Methode!

Die Kirche seiner Zeit hatte Bonhoeffer abgeschrieben. Er war machtlos und galt als Verräter. Seine Aufrichtigkeit beeindruckt bis in die Gegenwart: „Aber ich spüre, wie in mir der Widerstand gegen alles ‚Religiöse' wächst. Oft zu einem instinktiven Abscheu – was sicher auch nicht gut ist. Ich bin keine religiöse Natur. Aber an Gott, an Christus muß ich immerfort denken, an Echtheit, an Leben, an Freiheit und Barmherzigkeit liegt mir sehr viel. Nur sind mir die religiösen Einkleidungen so unbehaglich."

Niemand kann vorhersagen, was geschehen wird

Tote Fliegen lassen das Salböl stinkig und ranzig werden. Genauso wiegt ein Gramm Dummheit schwerer als ein Pfund Weisheit und Ehre. Den Weisen führt sein Herz den rechten Weg, der Dummkopf wird von seinem Herzen zum Bösen verleitet. Egal, welchen Weg er nimmt, immer fehlt es ihm an Verstand und seine Dummheit wird jedem bewusst. (Prediger 10,1–4)

„Weißt du, wer mir in letzter Zeit unheimlich auf die Nerven geht?" Ich schaue meine alte Freundin mit großen Augen an. Sie besinnt sich nicht lange: „Wie ich dich kenne: du dir selbst!"

Ja, sie kennt mich. Mitunter regen mich meine eigenen Gedanken auf. Ob es nun die inneren Monologe sind oder die öffentlich gehaltenen Predigten. Zu viele edle Wahrheiten! Zu viel Erklärung und Einordnung. Dieser hilflose Versuch, das Chaos der Welt durch wohlgesetzte Wörter bändigen zu wollen. Diese anmaßende Phantasie, meinen kleinen eigenen Kosmos zu beherrschen. Immer einen guten Rat parat, immer eine Weisheit auf den Lippen. Wie ich das hasse!

Wenn dein Vorgesetzter zornig auf dich ist, verlass deinen Platz nicht übereilt! Bleib gelassen, so kannst du schwere Fehler verhindern. Einen weiteren Missstand habe ich auf der Erde gesehen, ein Umstand, der meistens von Herrschern oder Machthabern verursacht wird: Einem Dummkopf wird ein würdiger Posten zugewiesen, der Vornehme dagegen wird übergangen. Ich habe Knechte gesehen, die wie Fürsten auf Pferden ritten, während Fürsten zu Fuß gehen mussten. (Prediger 10,5–7)

Vielleicht fühle ich mich deswegen dem Kohelet so seelenverwandt: Er erweckt den Eindruck, alles bewältigen zu können. Zu jedem Thema weiß er was zu sagen. Zugegeben, er hat Weisheiten zusammengetragen oder auch selbst formuliert, die tatsächlich einleuchten. Allein, was bringt solch praktische Philosophie? Wird das Leben dadurch wirklich erträglicher? Oder sind es Sätze, die wir mitnehmen, nach dem Motto: „Schön gesagt!" Jeder kennt einen Dummkopf, dem ein würdiger Posten zuteilwurde. Doch das war's dann? „Er redet viel" – vielleicht, weil das Schweigen schwer auszuhalten ist. Ich verstehe ihn so gut.

Wer eine Grube gräbt, kann selbst hineinfallen. Wer eine Mauer niederreißt, kann von einer Schlange gebissen werden. Wer aus einem Felsen Steine herausbricht, kann sich an ihnen verletzen. Wer Holz spaltet, kann sich in Gefahr bringen. Wenn man einer stumpfen Axt nicht rechtzeitig die Klinge schärft, kostet die Arbeit mehr Kraft. Weisheit sorgt vor und bringt Vorteile. Der Schlangenbeschwörer hat nichts von seiner Kunst, wenn die Schlange zubeißt, bevor er mit seiner Beschwörung beginnt. Die Worte eines weisen Menschen machen ihn beliebt. Ein Dummkopf dagegen kommt durch seine eigenen Worte zu Fall. Seine Rede beginnt mit dummem Geschwätz und endet mit schlimmstem Unsinn. Er redet viel – dabei kann kein Mensch wissen, was die Zukunft bringt, und niemand kann ihm vorhersagen, was geschehen wird.
(Prediger 10,8–14)

Das eine oder andere von Kohelets Klugheit scheint schlichte Alltagsweisheit zu sein. Besonders stark wird er, wenn er nach dem richtigen Weg sucht, durch dieses Leben hindurch zu Gott. Seine Ausdrucksweise ist schnörkellos. Da bin ich ihm ganz nah. Auch in seiner Praxis, dass Gott nicht in jedem Satz vorkommen muss. Im Gebrauch der Vernunft kann das Göttliche erfahren werden.

Im Prolog seiner Ordensregel fragt der hl. Benedikt rhetorisch: „Wer ist der Mensch, der das Leben liebt und gute Tage zu sehen wünscht?" Wer sollte darauf nicht mit „Ich" antworten? Benedikt fährt fort: „Wenn du das hörst und antwortest: ‚Ich', dann sagt Gott zu dir: ‚Willst du wahres und unvergängliches Leben, bewahre deine Zunge vor Bösem und deine Lippen vor falscher Rede! Meide das Böse und tu das Gute; suche Frieden und jage ihm nach! Wenn ihr das tut, blicken meine Augen auf euch, und meine Ohren hören auf eure Gebete; und noch bevor ihr zu mir ruft, sage ich euch: Seht, ich bin da.'" – Laut Benedikt verlangt Gott nicht mehr und nicht weniger als Aufrichtigkeit, den Willen zum Guten und zur Friedfertigkeit. Vom „wahren Glauben" keine Rede.

Das hält auch Kohelet so. Seine Theologie ist eher bescheiden. Er gibt lieber Tipps zur Lebensbewältigung. Einige scheinen heute bizarr. Doch seine Beobachtungsgabe ist phantastisch, man erkennt die dargestellten Typen in der Gegenwart.

Die Arbeit erschöpft den Dummkopf – er ist nicht einmal in der Lage, den Weg in die Stadt zu finden. Schlimm wird es dem Land gehen, dessen König ein Kind ist und dessen Würdenträger schon am Morgen Feste feiern. Dem Land dagegen wird es gut gehen, dessen König von edler Familie abstammt und dessen Würdenträger dann feiern, wenn die Zeit dafür gekommen ist; sie bewahren die richtigen Umgangsformen und führen sich nicht wie Säufer auf. Faulheit lässt das Gebälk schief werden, und das Dach wird undicht, wenn die Hände lässig im Schoß liegen. […] Schimpf nicht auf den König, nicht einmal in Gedanken. Und verfluche keinen Reichen, nicht einmal dann, wenn du dich allein in deinem Schlafzimmer aufhältst. Die Vögel am Himmel könnten deine Worte weitertragen, fliegende Boten könnten verraten, was du gesagt hast. (Prediger 10,15–18 und 20)

Du bist der Text

„Wirf dein Brot hin aufs Wasser! Denn nach einiger Zeit wird es wieder zu dir zurückkommen." – Etwas kryptisch, diese Aufforderung. Gemeint ist wahrscheinlich Großzügigkeit; sie zahlt sich aus. „Wirf dein Brot hin aufs Wasser!", diese Poesie stammt von Kohelet, könnte aber auch aus der Feder meines Freundes Thomas Frahm geflossen sein, eines Meisters der Sprache, der mit seiner Dichtkunst freigiebig umgeht. Jede seiner E-Mails ist von literarischer Qualität, und im Gespräch mit ihm entsteht spontane Lyrik. Ich bewundere den Mann.

Der Schriftsteller Thomas Frahm hat schon früh Gedichte veröffentlicht, dann Romane und Essays, er arbeitete für den Rundfunk und für Zeitschriften, auch machte er sich als Übersetzer aus dem Bulgarischen einen Namen. Ich lernte ihn vor einem Vierteljahrhundert kennen, als er einen kleinen Verlag betrieb. Diesen stellte er später ein, um nach einigen Jahren wieder einen zu eröffnen.

Wirf dein Brot hin aufs Wasser! Denn nach einiger Zeit wird es wieder zu dir zurückkommen. Verteil dein Vermögen auf sieben oder sogar acht, denn du weißt nicht, welches Unglück über die Erde hereinbrechen wird. Wenn die Wolken voller Wasser sind, wird es regnen. Wohin ein Baum auch fällt – nach Norden oder Süden –, er bleibt da liegen, wo er hingefallen ist. Wer immer nach dem Wind sieht, wird nie säen, und wer immer auf die Wolken achtet, wird nichts ernten. Du weißt nicht, welche Richtung der Wind einschlagen wird, auch kannst du dir nicht erklären, wie der Körper eines Kindes im Leib der Mutter entsteht. Ebenso verstehst du das Tun Gottes nicht, der alles bewirkt. Sähe morgens deine Saat aus, und leg auch abends deine Hände nicht in den Schoß! Denn du kannst nicht wissen, welches von beiden gedeiht oder ob sogar beides gelingt. (Prediger 11,1–6)

Thomas Frahm schreibt nicht, weil ihm das Leben dieses Talent einfach in die Wiege gelegt hätte. Er schreibt, obwohl alles dagegensprach, dass er ein Autor wird. Seine spießig-protestantische Herkunft im kleinbürgerlichen Milieu Duisburgs ließ ihn mit der Botschaft aufwachsen: „Du bist gar nicht, wie du bist – denn wie du bist, bist du nicht gut!"

Sich dagegen zu behaupten und freizuschreiben, das ist eine Leistung. Er wartete nicht ab, bis Wind und Wolken günstig standen, er machte sein Ding: Literatur als Akt der Klärung seines Verhältnisses zur Welt. Nicht aus Sendungsbewusstsein, nicht aus dem Wunsch aufzufallen. Er beschreibt, was er sieht, denkt, empfindet, erlebt. Seine Beobachtung: Die Wahrheit über uns Menschen ist eine schwer verdauliche.

Einmal sagte er mir, er schriebe nur noch für sich selbst. Nicht im Sinne der erfolglosen Kollegen, die sich selbst maßlos überschätzen und aufgrund fehlender Wahrnehmung durch die Öffentlichkeit gekränkt zurückziehen. Für sich selbst – das bedeutet: keine Kompromisse mehr. Der Leser muss nicht geschont werden, dem muss es nicht gefallen. Hier spricht einer ehrlich. Das erwarten wir auch von einem Autor, den wir ernst nehmen wollen. Denn nur dann nimmt er uns, die Lesenden, ernst. In seinem Gedicht „Altern" klingen seine Lebenskämpfe an:

Augen trocken. Trocken auch die Haut.
Bald ist dein Körper das Papier,
auf dem dein Leben steht.

Nur ist nicht jede Falte schon Charakterzeichnung.
Nicht jeder Tränensack tragödientief.
Nicht alles Fleisch aus edler Schwermut schlaff.
Für Lebensinhalt braucht es Widerstände.
Aufbäumen, das nichts unbeteiligt lässt,
alles ergreift und so zusammenkrampft,
dass Schmerz und Inbrunst dich besiegen,
aus trocknen Augen dicke Tränen quellen
und dein papierner Leib sich löst in einem Lied,
zu dem du Text bist, statt nur Text zu kennen.

Nicht nur den Text kennen, sondern selbst der Text sein! Seine Kompromisslosigkeit habe ich in unserer Freundschaft manchmal gefürchtet, aber immer verehrt. Thomas Frahm geht seinen Weg, gegen Widerstände und mit Opferbereitschaft. Er folgt Kohelets Rat und sät, statt die Hände in den Schoß zu legen. Vieles ist aufgegangen und hat Früchte getragen.

Obwohl der Mensch heutzutage naturwissenschaftlich sehr wohl erforscht hat, wie ein Kind im Leib der Mutter entsteht, so bleibt doch das Geschehen der Menschwerdung an sich ein Mysterium. Mehr noch Gott, dessen Tun und Lassen uns unverständlich erscheint. Thomas Frahm respektiert dieses Geheimnis.

Wie dankbar bin ich, dass er mir immer mal wieder Brot aufs Wasser wirft.

Dankbarkeit als Lebenskunst

Rolf kenne ich schon viele Jahre. Dass er richtig alt werden würde, überraschte mich; ich dachte, er stirbt an einem Herzinfarkt. Denn er kann sich aufregen, schlimmer als ein HB-Männchen! Er schimpft, wenn sein Fußballclub verliert. Er schreit andere Autofahrer an (hinter der Scheibe). Er hat auch schon einen ungeliebten Politiker angebrüllt, den er im Fernseher sah. Irgendwas zum Ärgern gibt es immer: die Stadtverwaltung, die Krankenversicherung, seine Kinder, das lange Warten aufs Essen im Gasthaus oder das Wetter.

Dabei ist Rolf ein netter Mensch, wenn man ihn kennt. Dann kann er ausführlich erzählen: von seiner Kindheit und Jugend. Den Aufbaujahren seines Geschäftes. Von seinen Reisen. Mit dem Alter verdichteten sich die Themen auf seine Gesundheit. Mit Mitte achtzig ist immer irgendwas gerade nicht in Ordnung.

Unlängst berichtete er mir von einer gnadenlosen Unverschämtheit. „Also, das muss man sich einmal vorstellen!", seine gereizte Stimme nimmt immer mehr einen aggressiven Ton an: „Beim Mittagstisch auf Rädern, da waren gestern die Kartoffeln so weich, das kannst du dir nicht vorstellen, wie weich die waren, das geht doch nicht! Was denken die sich eigentlich!" Mit empörten Augen schnauzt er mich an, als sei ich verantwortlich für dieses Übel.

Wie herrlich ist das Licht und wie wohltuend ist es für die Augen, die Sonne zu sehen! Wenn ein Mensch viele Jahre lebt, so soll er sich über jeden einzelnen Tag seines Lebens freuen, aber dennoch nicht vergessen, dass noch viele dunkle Tage kommen werden: Alles, was kommen wird, ist sinnlos. (Prediger 11,7–8)

Sich über jeden einzelnen Tag freuen – das ist eine Frage der Lebenshaltung. Gilt mein Interesse dem, was schiefläuft? Oder sehe ich, was klappt? Und nehme ich das Gelungene als Selbstverständlichkeit hin? Rolf tut so, als habe er ein Anrecht auf viele Jahrzehnte Lebenszeit. Als wäre alles Gute selbstverständlich. Doch nichts ist selbstverständlich.

Nicht als moralische Belehrung, sondern als Diagnose, die ihm helfen kann, seinen Frust zu überwinden, erinnere ich ihn an die Dankbarkeit. Jeder Tag ist ein Geschenk. Jede Mahlzeit. Jedes angenehme Gespräch. Jede Fahrt ohne Unfall.

Kein Wunder, Rolf verdrängt die dunklen Tage, die kommen werden. Dass das Alter zum Beispiel seinen Wirkungskreis beschneidet, ihm früher oder später die Mobilität des Autofahrens raubt. Begriffe wie Sterben oder Tod gehören nicht zu seinem Vokabular. Darüber mit ihm sprechen zu wollen wäre wirklich sinnlos.

Rolfs Art zu leben habe ich nicht zu kritisieren. Aber wünschen darf ich ihm ja etwas: Dankbarkeit. Die große Teresa von Avila schreibt darüber 1578 in einem Brief: „Ich habe einen Hang zur Dankbarkeit. Das ist kein Zeichen von Vollkommenheit, sondern eher eine natürliche Veranlagung. Denn schon mit einer Sardine, die man mir schenkt, kann man mich bestechen." So sprechen Heilige.

Sie will

Beim Kartenspielen will sie gewinnen und in einer Diskussion recht behalten. Gefragt, ob sie im Gottesdienst vorsingen möchte, will sie es machen, obwohl sie sich davor fürchtet. Sie will alles ausprobieren, den Rausch und die Enthaltsamkeit. Sie will Leidenschaft von ihren Liebhabern, merkt jedoch, dass diesen ohne echte Liebe etwas fehlt. Den Feminismus findet sie altbacken, will freilich seine Errungenschaften nicht missen. Sie will fünf Kinder haben oder alternativ ins Kloster gehen. Sie will studieren, auf dem Jakobsweg pilgern, ins Kino, Partys feiern, mitnehmen, was geht. Sie will sich vegetarisch ernähren, sie will Hähnchenschenkel. Sie will ein Buch schreiben, der Welt entfliehen mit tausend Geschichten im Kopf, findet jedoch, ihr Leben selbst habe sich zu einem Roman entwickelt: Serena, die Studentin, will intensiv leben. Sie hat in ihrem Alter schon manches erfahren, was man nicht erlebt haben will: Destabilisierung, Abstürze, Gewalt.

Früher kam Gott in ihrem persönlichen Universum vor wie der Staat Liechtenstein: Man weiß irgendwoher, dass es dieses Land gibt, man wird es jedoch nie besuchen, und es fehlt einem auch nicht. Auf einmal aber zeigt sich dieser ferne Gott konkret und nah und erfahrbar. Serena öffnet ihm vorsichtig die Tür zu ihrem Leben, Stück um Stück. Ein Abenteuer.

Freu dich an deiner Jugend, junger Mann [junge Frau], und leb unbeschwert in deinen jungen Jahren! Schlag den Weg ein, zu dem dein Herz sich hingezogen fühlt, und tu, was deinen Augen gefällt. Aber vergiss nicht, dass du dich vor Gott für alle deine

Taten verantworten musst. Gib dich nicht schlechten Launen hin und halte dir die Sorge vom Leib. Denn deine Jugend und dein dunkles Haar sind vergänglich. (Prediger 11,9–10)

Kohelet, als Kind seiner Zeit, konnte sich wohl nicht vorstellen, dass Frauen sein Buch lesen. Heute würde er garantiert alle jungen Menschen ansprechen und darin bestärken, einfach auszuprobieren, was geht. Das rate ich Serena ebenso: „Geh los, mach dein Ding ... du wirst schon sehen, was nicht zu dir passt. Du spürst, was dir guttut." Denn Serena ist mit Gott unterwegs; der hat Geduld, ist großzügig und kann über manches hinwegsehen, was mich an ihr nervt und verwirrt.

Sich die Sorgen vom Leib zu halten, das klingt so unkompliziert. In vielen Dingen haben es junge Menschen heute leichter als die heutigen Erwachsenen vor Jahrzehnten, in anderen Bereichen müssen sie mit neuen Herausforderungen lernen umzugehen. Die Zeiten sind nicht besser oder schlechter als früher, nur anders. Die Vergänglichkeit der Jugend allerdings bleibt. Solche gescheiten Ratschläge verhallen verständlicherweise ungehört.

Wenn ich jungen Leuten wie Serena begegne, fordert mich das heraus. Ich werde mit anderen Ansichten, Werten, Kenntnissen konfrontiert, als ich selbst habe. Infrage gestellt, muss ich meine Position begründen und überdenken. Mich macht der Umgang mit jungen Leuten jünger, ein Stückchen öffnet sich mir durch sie eine Welt, zu der ich schon nicht mehr gehöre. Von der Jugend lernen – nicht nur in Technik-Sachen, sondern im Glauben –, das empfinde ich als Geschenk.

Serena erinnert mich an Etty Hillesum, eine junge Niederländerin. Als Jüdin verfolgt, schreibt sie Tagebuch und spricht darin – wie Augustinus – Gott an. Die Eintragung vom 5. September 1942 ist wie viele andere ein Gebet: „Vielleicht war alles zusammen doch ein bisschen zu viel, mein Gott. Jetzt werde ich daran erinnert, dass der Mensch auch einen Körper hat. Ich hätte gedacht, mein Geist und mein Herz könnten alles allein tragen. Aber jetzt meldet sich mein Körper und sagt: Halt. Nun erst spüre ich, wie viel du mir zu tragen gegeben hast, mein Gott. So viel Schönes und so viel Schweres. Und das Schwere hat sich, sobald ich mich bereit erwies, es zu tragen, wieder in Schönes verwandelt. Und das Schöne und Große war oftmals schwerer zu ertragen als das Leiden, weil es überwältigend war. Dass ein kleines Menschenherz so viel erleben kann, mein Gott, so viel zu leiden und zu viel zu lieben vermag. Ich bin dir sehr dankbar dafür, mein Gott, dass du in dieser Zeit mein Herz dazu auserwählt hast, alles zu erfahren, was es zu erfahren gilt." – Etty war 28 Jahre alt, als sie das verfasste. Fünfzehn Monate später wurde sie in Auschwitz-Birkenau ermordet.

Serena soll leben. Ihre Lasten der Vergangenheit mögen immer leichter werden. Sie will so viel – nicht alles kann gelingen. Sie lernt mit Enttäuschungen umzugehen. Ich lerne von ihr, nicht zu wenig zu wollen. Sie ist fröhlich und traurig, vernünftig und verrückt, intelligent und dumm, humorvoll und schnell gekränkt – alles ganz normal. Sie überrascht mich mitunter mit speziellen Einblicken in ihre Lebenswelt. „Du bist die Beste", kommentiere ich das bisweilen. Serena kontert: „Die Allerbeste!"

„Was bedeutet dir dein Glaube?", frage ich sie. Sie kann spontan nichts dazu sagen, singt mir aber abends als Antwort zwei Strophen aus Paul Gerhardts Lied „Ich steh an deiner Krippe hier" aufs Handy: „Ich lag in tiefster

Todesnacht, du warest meine Sonne, die Sonne, die mir zugebracht, Licht, Leben, Freud und Wonne. O Sonne, die das werte Licht des Glaubens in mir zugericht', wie schön sind deine Strahlen! Ich sehe dich mit Freuden an und kann mich nicht satt sehen; und weil ich nun nichts weiter kann, bleib ich anbetend stehen. O dass mein Sinn ein Abgrund wär und meine Seel ein weites Meer, dass ich dich möchte fassen!"

Postskriptum: Für Serenas Alter angemessen wäre aber auch das bekannte Studentenlied „Gaudeamus igitur", welches inhaltlich Bezug nimmt auf Kohelet und eine große Erkenntnis gelassen ausspricht:

„Lasst uns, weil wir jung noch sind,
Uns des Lebens freuen!
Nach fröhlicher Jugend,
nach beschwerlichem Alter
wird uns die Erde haben."

Tage, die uns nicht gefallen

Tage, die uns nicht gefallen – solche kennt jeder reichlich. Langweilige Tage. Anstrengende. Tage, die uns spüren lassen, wie einsam wir sind oder wie hilflos. Tage der Depression, Niederlage, Demütigung oder Furcht. Tage, mit denen schwere Erinnerungen verbunden sind.

Kohelet, der alles aus der Perspektive der Sterblichkeit heraus betrachtet und bewertet, sieht vor allem im Alter jene Tage, die uns nicht gefallen. Das Alter bringt Verluste mit sich: Fähigkeiten lassen nach, die Wahrnehmung schränkt sich ein, Kontakte werden weniger. Im Alter steigt die Wahrscheinlichkeit des nahenden Todes kontinuierlich.

Denk an deinen Schöpfer, solange du jung bist. Warte damit nicht, bis du alt bist, die Tage für dich beschwerlich werden und die Jahre kommen, von denen du sagen musst: „Sie gefallen mir nicht!" Warte damit nicht, bis der Glanz von Sonne, Mond und Sternen für dich immer schwächer wahrnehmbar wird und die Wolken nach einem Regenschauer sofort wieder am Himmel erscheinen. Dann werden die Wächter des Hauses zittern und die Starken sich krümmen. Die Müllerinnen werden aufhören zu arbeiten, weil nur noch wenige übrig geblieben sind, und die, die durch die Fenster blicken, werden sich verdunkeln. Die Türen zur Straße werden geschlossen bleiben und die Stimme der Mühle wird leiser. Man wird beim ersten Hahnenschrei aufstehen und alle Lieder werden verstummen. Du wirst dich vor jeder Steigung fürchten und auf jedem Weg nur noch Hindernisse sehen. Der Mandelbaum wird blühen, die Heuschrecke sich träge dahinschleppen und die Kaper aufbrechen. Denn jeder Mensch muss sterben, und die Straßen sind bevölkert von Trauernden. (Prediger 12,1–5)

Der Tod ist natürlich. Wir wissen um ihn. Doch das raubt ihm nicht seine Macht. Kohelet beschreibt den Tod nicht ohne Dramatik als letzte Station des Alterungsprozesses. Damit würdigt er das menschliche Leben, es gibt triftigen Grund zur Trauer!

Trauernden habe ich oft ein Wort des Theologen Helmut Gollwitzer mit auf den Weg gegeben, der Kohelet elegant und verkündigend aufnimmt: „Die Nacht wird nicht ewig dauern. / Es wird nicht finster bleiben. / Die Tage, von denen wir sagen, sie gefallen uns nicht, / werden nicht die letzten Tage sein. / Wir schauen durch sie hindurch vorwärts auf ein Licht, / zu dem wir jetzt schon gehören und das uns nicht loslassen wird. / Das ist unser Bekenntnis."

Nacht und Finsternis werden benannt, die Tage, von denen wir sagen, sie gefallen uns nicht. Das Licht kommt als Symbol der Hoffnung vor, doch des Wortes Hoffnung selbst bedarf es nicht. Nicht einmal die Vokabel Gott findet Erwähnung, dabei wird das Göttliche wunderbar mystisch beschrieben als das, „zu dem wir jetzt schon gehören und das uns nicht loslassen wird". Ein solches „Bekenntnis" ist ein großer Schatz, der auch Menschen zugänglich sein kann, die mit unseren traditionellen Bildern von Gott und der dazugehörigen religiösen Sprache nichts mehr anfangen können.

Wir tun gut daran, uns Gott nicht erst auf den letzten Metern anzuvertrauen, sondern den ganzen Weg mit ihm zu gehen. Ihn einzuladen ist jederzeit möglich. Er wartet darauf.

Am silbernen Faden

Was ist wirklich passiert, damals, vor langer Zeit, an jenem Freitag im Frühjahr? Es ist nun rund zweitausend Jahre her. Dass Jesus von Nazareth den grausamen Tod durch Kreuzigung erlitt, ist auch unter nichtreligiösen Historikern kaum umstritten. Allein, was bedeutet dieser Tod? Was hat er mit uns zu tun? Heute?

Der Tod an sich bildet im christlichen Glauben ein zentrales Thema. Viele theologische Überlegungen drehen sich um ihn. Denn die Kehrseite der Medaille heißt Leben. Was sagt uns insbesondere der Tod Jesu? Wenn er denn etwas sagt.

Ein mächtiger Zug der christlichen Tradition deutete seine leidvolle Hinrichtung als notwendig. Die Menschen – so die Vorstellung – hätten Gott durch Sünde und Schuld so sehr gekränkt, dass normale Tieropfer zur Versöhnung nicht mehr ausreichten. Ein absolutes Opfer war nötig, um den Herrn der Welt zu besänftigen. Nur das Blut seines eigenen Sohnes war in der Lage, Erlösung zu bewirken: Jesus als das endgültige und nicht überbietbare Opferlamm.

Was viele Christen über Generationen hinweg als Lehre annahmen, verliert zunehmend an Plausibilität. Viele hadern heute mit dem Bild von Gott, das sich hinter dieser Theorie verbirgt. Sich diese Auffassung von Gott zu eigen zu machen ist unattraktiv geworden. Deswegen begehren manche dagegen auf. Doch die Vehemenz, mit der dann einige zu wissen meinen, dass alle vor ihnen falsch geglaubt haben, ist mir ebenso zuwider.

Denk an deinen Schöpfer, bevor der silberne Faden des Lebens reißt und die goldene Schale zerbricht, bevor der Krug an der

Quelle zerschellt und das Schöpfrad am Brunnen zertrümmert ist. Denn dann wird der Staub wieder zur Erde, aus der er kommt, und der Geist kehrt zu Gott zurück, der ihn gegeben hat. „Es ist alles so sinnlos und bedeutungslos", sagt der Lehrer, „ja, es ist alles vollkommen sinnlos." (Prediger 12,6–8)

In Anbetracht der großartigen religiösen Erklärungsmuster zum Tod des Heilands scheint der Kontrast zum Kohelet-Zitat fast unanständig. Dass der Geist Jesu zu Gott zurückkehrt, passt zu unserer Hoffnung auf Auferstehung. Aber die Überlegung, sein Tod könne auch sinnlos gewesen sein … undenkbar?

Jesus wurde das Opfer einer tragischen Verstrickung. Die organisierte Religion seiner Zeit wollte ihn weghaben. Den Römern war er gleichgültig. Seine Befürworter agierten aus Furcht gar nicht. Alles verlief für ihn äußerst ungünstig. Ob der Hergang hätte beeinflusst werden können? Durch Flucht? Durch eine wohlüberlegte Verteidigungsrede? Durch einen Aufstand? Wir wissen es nicht.

Ich bin überzeugt, Jesus nahm sein bitteres Ende bewusst in Kauf. Zur Überlieferung seines Glaubens passte dieser Schritt, in das Geschehen einzuwilligen.

Damit ist jedoch nicht geklärt, ob Gott diesen Tod wirklich wollte. Der Schweizer Pfarrer und Dichter Kurt Marti schrieb in einem Gedicht: „dem herrn unserem gott / hat es ganz und gar nicht gefallen / dass gustav e. lips / durch einen verkehrsunfall starb". Denn er sei zu jung gewesen, fehle seiner Frau, den Kindern und Freunden, was werde aus seinen Ideen …

Der Tod von Gustav E. Lips war sinnlos. Genauso wie der Tod der Soldaten und Zivilisten im Krieg, der Opfer von Vergewaltigung und Naturkatastrophen wie von jenen, die an Pandemien oder an Hunger sterben. Und so weiter. Was wäre das für ein Sinn?

Sinnlosigkeit macht den Tod schlimm. Lebenssatt Abschied zu nehmen vom Dasein auf Mutter Erde wird nicht allen gegönnt. Der silberne Faden des Lebens ist dünn. Sein Reißen ist vorprogrammiert.

Deswegen sind wir geneigt, Sinn in Sinnlosigkeit hineinzulegen: Den Tod meines Onkels, der im Krieg „gefallen" ist, stilisierte man zur Heldentat. Und, so die Großmutter, wer weiß, was aus ihm geworden wäre? Die Guten holt Gott ja immer zuerst. – Das sind Versuche auszuhalten, was unerträglich erscheint.

„Es ist alles vollkommen sinnlos" – diese Behauptung auszuhalten ist auch nicht leicht. Im verzweifelten Trotz des Predigers keimt möglicherweise der Wunsch nach Widerspruch. Wie gut wäre es, da käme einer wie zu den Emmaus-Jüngern und tröstete: „Du kannst keinen Sinn sehen? Du verstehst das alles nicht? Das heißt aber noch nicht, es gibt auch keinen Sinn. Dein Verstand ist zu schwach, um alles zu durchschauen. Nur Geduld. Es kommt der Tag, da wirst du erkennen."

Billige Vertröstung? Oder echter Trost? Wenn nach meinen begrenzten Erkenntnismöglichkeiten sogar der Tod Jesu sinnlos war, dann erleichtert mir das, mit dem sinnlosen Tod vieler anderer umzugehen. Es bleibt eine Zumutung. Aber Jesus Christus solidarisiert sich mit den sinnlos Zu-Tode-Gekommenen.

Mein Vater starb, als ich zwei Jahre alt war. Er hinterließ eine Witwe und sieben Halbwaisen. Wer würde es wagen, diesem sinnlosen Tod irgendeine höhere Weihe verleihen zu wollen?

Wohltuende Befremdung

Stalagmiten aus Papier könnte man die Erhebungen nennen, die sich in Ursula Busses Wohnzimmer erheben: Stapel um Stapel neuer Bücher, vierzig oder gar sechzig Zentimeter hoch. Frau Busse weist Züge von Bibliomanie auf, einem überspannten Enthusiasmus für Bücher. Belletristik, Sachbücher, Bildbände – sie kauft und kauft und kauft. Nie wird sie das alles lesen können.

Das Suchtpotential des Buches führt auch mich in Versuchung, mir mehr Bücher zuzulegen, als ich bewältigen kann. Aber ich gebe ab und zu die ungelesenen Exemplare zum Missionsbasar. Und seit ich vor Jahren auf der Frankfurter Buchmesse den Spruch las „Das Leben ist zu kurz für schlechte Bücher", beende ich konsequent die Lektüre, wenn sie mich nach spätestens dreißig Seiten immer noch nicht gepackt hat.

Ich kenne aber nur zu gut die nicht totzukriegende Hoffnung, das nächste Buch sei das entscheidende, auf das ich immer schon gewartet habe, für das alle anderen nur Vorprogramm waren. Das Buch, das mir die Welt erklärt und mich selbst und das mich Gott näherbringt.

Die Worte eines weisen Lehrers sind wie ein spitzer Stock, mit dem ein Hirte sein Vieh antreibt. Die gesammelten Worte gleichen fest eingeschlagenen Nägeln: Sie sind uns von dem einen Hirten gegeben. Im Übrigen lass dich warnen, mein Sohn: Es werden stets neue Bücher geschrieben – dein Körper wird müde, wenn du zu viel in ihnen forschst. (Prediger 12,11–12)

70.000 bis 80.000 neue deutschsprachige Bücher erscheinen jedes Jahr, die schafft keiner. Und es nimmt kein Ende, es werden stets neue Bücher geschrieben, Kohelet weiß es (beziehungsweise der Autor dieses Nachwortes, das höchstwahrscheinlich nicht vom Prediger selbst stammt, doch seinen Geist atmet). Der Buchmarkt will Umsätze, die Autorinnen und Autoren wünschen sich Leserinnen und Leser. Lesen zu können und lesen zu dürfen (was man will!) ist ein Privileg. Das genau „richtige" Buch zu finden gleicht einer Kunst.

Halbwegs auf dem Laufenden zu bleiben ist bei der Fülle der Neuerscheinungen schon eine Herausforderung. Zudem mache ich die Erfahrung, dass die neuen Titel nicht automatisch die besten sind. Alte Schätze zu heben lohnt sich.

Wenn ich ein Buch zu Ende gelesen habe, schreibe ich meinen Namen hinein, bevor ich es ins Regal stelle, dazu Monat und Jahr der Lektüre. Nehme ich irgendwann später das Buch wieder zur Hand, gibt es drei Möglichkeiten: 1. Ich erinnere mich des Inhalts und kann das Werk noch bewerten („spannend", „lehrreich", „unterhaltsam"). 2. Mir ist alles entfallen: Worum ging es überhaupt? (Solch ein Buch kann aussortiert werden.) Besonders interessant ist die 3. Kategorie: Das Buch war gut ... ich weiß aber nicht mehr, warum. Hier lohnt sich das Wiederlesen. Denn nach fünf oder dreißig Jahren lese ich natürlich das gleiche Buch ganz anders.

Das gilt ganz besonders für die Bibel. Die Heilige Schrift ändert sich nicht, aber wir ändern uns. Wir lesen sie in neuen Lebensabschnitten mit neuen Augen. Dabei kommt es nicht in erster Linie auf das Verstehen an, wie der Bibelwissenschaftler Fridolin Stier nahelegt: „Die

Bibel ist kein Buch, das in unserer Sprache von unseren Alltagsdingen redet. Ferne Zeiten, fremde Völker, unverständliche Namen ... Es ist, als kämen wir in ein fremdes Land, in dem wir uns nicht zu helfen wissen. Doch wohl dem, der diese Befremdung erlebt. Er wird die Bibel eher kennenlernen, das Wort Gottes eher vernehmen als der andere, der wähnt, schon längst alles gehört zu haben, alles zu wissen."

Auch im kantigen Buch Kohelet vernehme ich Gottes Wort. Es gleicht hier einem spitzen Stock, dort einem eingeschlagenen Nagel. Manches bleibt total fremd. Doch es ist mir „von dem einen Hirten gegeben", und der will mein Bestes.

Worauf kommt es an?

Im Bibelkreis treffen sich engagierte Christen, denen daran gelegen ist, das Wort Gottes zu ergründen. Das Format hat etwas Patina angesetzt, aber diejenigen, die kommen, sind mit Herzblut dabei. Wir lesen ein Kapitel und dann gibt es eine offene Runde, in der alle sagen, was ihnen dazu einfällt: Fragen, Zustimmung, Kritik, Unverständnis, Ablehnung, Erinnerungen und Anekdoten, die mehr oder weniger damit zusammenhängen. Einerseits geht es darum, zu verstehen, was der Text – möglicherweise – im Zusammenhang seiner Entstehung sagen will. Andererseits wollen wir das Wort für unser konkretes Leben heute fruchtbar machen. Als Jugendlicher habe ich selbst diese Formel im Bibelkreis gelernt: Text an sich, Text für mich.

Da sitzen wir dann alle zwei Wochen im Pfarrhaus und reden miteinander. Es gibt Wasser und Wein. Verschiedene Übersetzungen zur Auswahl. Nach 90 Minuten schließen wir mit Gebet und Segen.

Beim letzten Mal kam Olga neu dazu. Wir kennen sie als tiefgläubige Frau mit missionarischem Eifer. Anfangs noch still und zurückhaltend, taut sie schnell auf und beteiligt sich lebhaft am Gespräch. Dass sie allen ins Wort fällt, lassen wir ihr durchgehen. Dass sie unsere Weise, an den Text der Heiligen Schrift heranzugehen, für ehrfurchtlos hält, verdutzt etwas. Ob sie wiederkommen wird?

Sie kommt wieder. Und belehrt eine nach dem anderen, dass man das so nicht sagen und nicht sehen dürfe. Wie sie darauf komme, frage ich sie. Ihre überraschende Antwort: „Das steht da doch!" Ob sie denn meine, die Bibel lege sich selbst aus? „Ich sage nur das, was in der Bibel geschrieben steht." Man bedenke, wir sprechen über den Hebräerbrief! Eine anspruchsvolle theologische Abhandlung des frühen Christentums, die das Kommen Jesu als Erfüllung der alttestamentlichen Prophetie bezeugt. Opfer brauche es nicht mehr, denn Christus selbst sei das absolute Opfer (vgl. Hebräer 10). Reichlich Stoff zum Diskutieren.

Hermann schildert, diese Aussagen des Hebräerbriefes blieben ihm fremd – Olga unterbricht ihn. Ich ersuche sie, ihn ausreden zu lassen. Er nimmt seinen Gedanken wieder auf, Olga wirft ein: „Das stimmt doch gar nicht!" Ich ermahne sie, Hermann sei jetzt dran. Hermann ringt unsicher um Worte, spricht abgehackt, Olga befindet: „So darf man das nicht sagen." Hermann schnaubt – und ich fahre Olga an: „Hey, so geht das nicht! Hier dürfen alle sagen, was sie wollen. Du auch. Aber wir hören aufeinander. Jetzt hat Hermann das Wort." Und verärgert setze ich hinzu: „Was glaubst du eigentlich, warum wir uns hier zum Bibelkreis treffen?" Olgas Augen blitzen: „Damit ihr Wein trinken könnt!"

Nun hat sie endgültig auch die anderen gegen sich aufgebracht. Und alle geben ihr mit der gerade noch möglichen Höflichkeit zu verstehen, ihr Verhalten sei absolut unangemessen. Als alle etwas zu ihr gesagt haben, fasse ich zusammen: „Olga, das klappt nicht mit uns. Du passt nicht in diese Gruppe. Ich bitte dich, nicht wiederzukommen." Sie verlässt uns mit Verwünschungen.

Drei Tage später finde ich in meinem Briefkasten Hundescheiße vor.

Als Ergebnis dieser ganzen Gedanken will ich dir Folgendes mitgeben: Bring Gott Achtung entgegen und tu das, was er in seinen Geboten fordert! Das gilt für jeden Menschen. Gott wird über alle unsere Taten Gericht halten – seien sie gut oder böse – selbst über die Taten, die im Verborgenen liegen. (Prediger 12,13–14)

Selbstredend: Dass die Exkremente in meinem Briefkasten irgendetwas mit Olga zu tun haben, entstammt nur meiner Phantasie. Die Atmosphäre war vergiftet. Wir alle haben keine gute Figur gemacht. Olga in die Schranken zu weisen, um die anderen zu schützen, das war notwendig. Doch musste ich sie gleich rauswerfen?

Kohelet kann vermitteln: Achte Gott und erfülle seine Gebote, darauf kommt es an. Mit dieser Zusammenfassung endet sein Buch in einem Nachwort, das wahrscheinlich nicht vom Prediger selbst stammt. Eine Art Herausgeber sah sich bemüßigt, dem Werk des Kohelet einen frommen Schluss zu verleihen.

Aber es geschah in seinem Sinne. Für Kohelet spielen „richtige Glaubensinhalte" keine Rolle, sondern das richtige Verhalten. Kohelet wäre wohl auch kein begeisterter Teilnehmer von Bibelkreisen gewesen. Ihn beschäftigten nicht die Probleme einer geistigen Welt, sondern jene der realen. Denn in der mangelt es an Weisheit. So gerät man schnell aneinander. Böse Worte führen bisweilen zu bösen Taten, auf jeden Fall zu unguten Gedanken.

Was uns die Propheten zu sagen haben oder der Apostel Paulus, die Bedeutung der Psalmen und der Offenbarung – das ist interessant und aufschlussreich. Sich über Jungfrauengeburt, Auferstehung und das Amt in der Kirche auszutauschen kann höchst anregend sein. Doch wenn wir uns mit solch geistigen Inhalten beschäftigen, aber hart miteinander umgehen, dann stimmt etwas nicht.

Religion ist mehr als Ethik. Aber ohne eine Ethik des friedlichen Miteinanders wird Religion zur bloßen Ideologie. Kohelet erdet uns. Ob Gott wie ein Buchhalter gute und schlechte Taten registriert, das sei dahingestellt. Aber gut zu sein ist wichtiger, als gläubig zu sein: „Das gilt für jeden Menschen."

Pfarrer Christoph Blumhardt predigte im Juli 1900: „Machen wir einen Menschen froh, so ist das wichtiger, als wenn wir viele bekehren. Froh machen: das ist Gott die Ehre geben. Das ist Frieden auf Erden." Ich bin überzeugt, Kohelet hätte dazu gesagt: So ist es! Doch er hätte hinzugefügt: Das ändert aber nichts daran, alles bleibt „häwäl" – nichtig, sinnlos, absurd.

Die Bibel ist eine ganze Bibliothek, aus der das Buch Kohelet hervorsticht. Es schlägt einen anderen Ton an. Der Autor macht sich im Eifer des religiösen Gefechts nichts vor über unsere Existenz. Ich bin froh, dass die Heilige Schrift auch ganz andere Bücher bereithält. Aber seines ist einzigartig, diese sonore und klare Stimme hallt lange nach.

Ich will vom Prediger lernen, indem ich mich um Weisheit bemühe. Es mag eine göttliche Ordnung geben – aber erkennen kann ich sie nicht. Im Angesicht Gottes genieße ich mein Dasein in Raum und Zeit – auch wenn alles nur Windhauch ist.

Das bleibt eine Herausforderung. Ich nehme sie an. Mit Gottes Hilfe. Amen.

Quellenangaben

Barth, Karl: Der Römerbrief (Zweite Fassung) 1922. Theologischer Verlag, Zürich 21. Auflage 2019, S. 17.

Benediktsregel. Herausgegeben im Auftrag der Salzburger Äbtekonferenz. Beuroner Kunstverlag, Beuron 4. Auflage 2006, S 69f.

Bonhoeffer, Dietrich: nach: Dietrich Bonhoeffer von A bis Z, hg. v. Manfred Weber. Gütersloh 2010, S. 28f.

Bossis, Gabrielle: Er und ich. Geistliches Tagebuch I. topos plus, Kevelaer 2010, S. 105.

Cioran, Emile M.: Vom Nachteil, geboren zu sein. Suhrkamp, Frankfurt am Main 1979, S. 34 und S. 161.

Delbrêl, Madeleine: Der kleine Mönch. © 1980 Editions du Seuil. Übersetzt © 1981 Verlag Herder GmbH, Freiburg i. Br. S. 79f.

Emerson, Ralph Waldo: Spanne deinen Wagen an die Sterne. Herder, Freiburg i. Br. 1980.

Frahm Thomas: Auf das Glück. Gedichte 2016–2003. Chora Verlag, Duisburg 2016.

Franck, Michael: Ach, wie flüchtig. Evangelisches Gesangbuch Nr. 528.

Gibran, Khalil: Der Prophet. Patmos Verlag, Düsseldorf 23. Auflage 1988, S. 44f.

Hake, Joachim: Trost und Staunen. Weitere Notizen. EOS Verlag, Sankt Ottilien 2020, S. 134f.

Hillesum, Etty: Das denkende Herz. Die Tagebücher 1941–1943. Rowohlt Verlag, Reinbek bei Hamburg 23. Auflage 2013, S. 169.

Iwand, Hans Joachim: Nachgelassene Werke, Bd. 2: *Vorträge und Aufsätze*, hg. v. Dieter Schellong und Karl Gerhard Steck. Christian Kaiser Verlag, München 1966, S. 54f.

Kehl-Kochanek, Christel. Bisher unveröffentlicht, Rechte bei der Autorin.

Lavant, Christine: Aufzeichnungen aus dem Irrenhaus. Wallstein Verlag, Göttingen 2016, S. 45.

Lindemann, Benedikt M.: Freiheit, die ich meine. Einsichten eines Mönchs aus Jerusalem. Gütersloher Verlagshaus, Gütersloh 2009, S. 173.

Lohfink, Norbert: Kohelet. Reihe: Die Neue Echter-Bibel. Echter Verlag, Würzburg 1980, S. 5.

Marti, Kurt: Wieso heute noch Kohelet? In: entdecken: Lese- und Arbeitsbuch zur Bibel. Kohelet. Hg. vom kath. Bibelwerk e.V., Stuttgart 2005, S. 136.

Morus, Thomas: Utopia. Büchergilde Gutenberg, Frankfurt a. M. 4. Auflage 1991, S. 103.

Ó Cadhain, Mártín: Die Asche des Tages. Alfred Kröner Verlag, Stuttgart 2020, S. 64f.

Peikert-Flaspöhler, Christa: Nach: Georg Schwikart: Zweifle dich durch. Lust auf Religion. Ein Lesebuch. Kösel, München 1994.

Roth, Joseph: Hiob. Kiepenheuer und Witsch, Köln 1982, S. 163.

Schwikart, Georg: Zwei Brüder. In: Überleben. Latente Lyrik über Leben. Steyler Verlag, Sankt Augustin 2. Auflage 2018, S. 72.

ders.: So ist die Welt. Aus: Letzte Seite, in: Dichter dran. Praktische Poesie. Steyler Verlag, Sankt Augustin 2. Auflage 2011, S. 91.

Seneca: Vom glückseligen Leben und andere Schriften. Philipp Reclam jun., Stuttgart 2011, S. 64ff.

Sölle, Dorothee: Politische Theologie. Auseinandersetzung mit Rudolf Bultmann. Kreuz Verlag, Stuttgart 1971.

Stangl, Herbert: Schritte nur Schritte. Gedichte. Eigenverlag, Bonn 2020, S. 75.

Stier, Fridolin: Wenn aber Gott ist ... Ein Lesebuch, hg. von Eleonore Beck und Gabriele Miller. Bernward Verlag, Hildesheim 1991, S. 40.

Thoreau, Henri David: Leben ohne Grundsätze. Eine Auswahl aus seinen Schriften. Klett-Cotta, Stuttgart 1979, S. 29f.

Walter, Silja: Gesamtausgabe Band 10 © 2005 Verlag Herder GmbH Freiburg i. Br.

Bibelstellenregister

Apostelgeschichte 9,1–2	20
Apostelgeschichte 18,12–17	100
Genesis/1. Mose 1,31	61
Hebräer 10	184
Lukas 2,1	130
Lukas 18,22–23	94
Matthäus 5,3	76
Matthäus 7,12	125
Prediger/Kohelet 1,2–8	13
Prediger/Kohelet 1,1	15
Prediger/Kohelet 1,9–11	19f.
Prediger/Kohelet 1,12	15
Prediger/Kohelet 1,13–15	22f.
Prediger/Kohelet 1,16	15
Prediger/Kohelet 1,17–18	26
Prediger/Kohelet 2,1–11	30f.
Prediger/Kohelet 2,12–16	34f.
Prediger/Kohelet 2,17–21	39f.
Prediger/Kohelet 2,22–25	43f.
Prediger/Kohelet 2,26	47
Prediger/Kohelet 3,1–9	50f.
Prediger/Kohelet 3,10–15	52f.
Prediger/Kohelet 3,16–18	56
Prediger/Kohelet 3,19–21	60
Prediger/Kohelet 3,22	62
Prediger/Kohelet 4,1–3	65
Prediger/Kohelet 4,4–6	68
Prediger/Kohelet 4,7–12	72
Prediger/Kohelet 4,13–16	76

Prediger/Kohelet 4,17	79
Prediger/Kohelet 5,1–2	82
Prediger/Kohelet 5,3–6	85
Prediger/Kohelet 5,7	88
Prediger/Kohelet 5,8–16	91f.
Prediger/Kohelet 5,17–19	96f.
Prediger/Kohelet 6,1–9	98f.
Prediger/Kohelet 6,10–12	102f.
Prediger/Kohelet 7,1–4	106f.
Prediger/Kohelet 7,5–8	110
Prediger/Kohelet 7,9–11	114
Prediger/Kohelet 7,12–14	116
Prediger/Kohelet 7,15	121
Prediger/Kohelet 7,16–20	123f.
Prediger/Kohelet 7,21–23	127f.
Prediger/Kohelet 7,24–25	131
Prediger/Kohelet 7,26–29	134
Prediger/Kohelet 8,1	135
Prediger/Kohelet 8,2–8	139f.
Prediger/Kohelet 8,9–13	142f.
Prediger/Kohelet 8,14–15	144
Prediger/Kohelet 8,16–17	147
Prediger/Kohelet 9,1–2	148f.
Prediger/Kohelet 9,3–10	153
Prediger/Kohelet 9,11–12	155f.
Prediger/Kohelet 9,13–17	159
Prediger/Kohelet 10,1–4	162
Prediger/Kohelet 10,5–7	162
Prediger/Kohelet 10,8–14	163
Prediger/Kohelet 10,15–18+20	164f.
Prediger/Kohelet 10,19	9
Prediger/Kohelet 11,1–6	166f.